大学生就业指导与职业规划研究

DAXUESHENG JIUYE ZHIDAO YU
ZHIYE GUIHUA YANJIU

王　强◎著

海洋出版社

2023年·北京

图书在版编目（CIP）数据

大学生就业指导与职业规划研究 / 王强著. -- 北京:
海洋出版社, 2023.5
ISBN 978-7-5210-1107-4

Ⅰ. ①大… Ⅱ. ①王… Ⅲ. ①大学生－职业选择－研究
Ⅳ. ①G647.38Ⅳ. ①F724.72

中国版本图书馆 CIP 数据核字（2023）第 058817 号

总 策 划: 刘　斌		发 行 部: (010) 62100090		
责任编辑: 刘　斌		总 编 室: (010) 62100034		
责任印制: 安　淼		网　　址: www.oceanpress.com.cn		
排　　版: 海洋计算机图书输出中心　晓阳		承　印: 鸿博昊天科技有限公司		
出版发行: 海洋出版社		版　次: 2023 年 5 月第 1 版		
地　　址: 北京市海淀区大慧寺路 8 号		2023 年 5 月第 1 次印刷		
（716 房间）		开　本: 787mm×1092mm　1/16		
100081		印　张: 10		
经　　销: 新华书店		字　数: 205 千字		
技术支持: (010) 62100055		定　价: 88.00 元		

本书如有印、装质量问题可与发行部调换

前　　言

随着经济的迅速发展和科技的进步，我国高等教育迎来了新的机遇，同时大学生的就业形势也发生了巨大变革。大学生是我国宝贵的人才资源，是民族的希望和祖国的未来。建设人力资源强国和创新型国家，需要大量的高校毕业生进入国家建设的主战场。所以，我们要做好大学生的就业工作，这对于国家的发展、民族的振兴都有着重大的意义。

开展大学生职业生涯发展教育，是全面提高高等教育质量的重要途径，是社会主义核心价值观教育的重要内容，也是全面加强就业创业教育和就业指导服务的必然要求。

大学生就业指导是在毕业生就业制度改革的背景下提出的，也是社会发展的需要。在这种大背景下，笔者撰写了本书，旨在为大学毕业生提供有关就业和进行职业规划的多方面的指导。

本书内容共分为六章。第一章为大学生就业指导概述，包括就业指导的内容与意义、树立正确的就业观念；第二章为大学生职业生涯规划概述，包括大学生职业生涯规划的基本概念、大学生职业生涯规划的基本原则、大学生职业生涯规划的基本理论、大学生职业生涯规划的基本步骤；第三章主要介绍大学生求职择业准备，包括就业知识的准备、就业信息的准备、求职材料的准备；第四章主要介绍大学生就业的心理准备，包括大学生就业心理准备概述、大学生就业心理的常见问题、大学生就业心理的自我调适；第五章主要介绍大学生就业形势与政策，包括大学生就业形势与政策、大学生就业市场与发展趋势、大学生就业程序与途径；第六章主要介绍大学生职业适应与发展，包括大学生的角色转换、适应工作新环境、提升职业适应力、促进职业发展。

　　本书在写作过程中参考了许多相关的研究成果，在此向这些专家表达诚挚的谢意！由于笔者的水平和精力有限，尽管在写作过程中力求完美，但是不足之处在所难免，恳请各位专家、读者不吝赐教。

作　者

2023 年 3 月

目　　录

第一章　大学生就业指导概述

随着社会的不断发展和变化，当今时代对人才的要求也越来越高，然而，一部分大学生仍然存在对自己职业生涯规划不清、没有实践经验、缺乏正确的择业观等问题。在这种情况之下，大学生就业指导课程就显得非常必要了。那么，如何树立正确的就业观念，把大学生就业指导工作落到实处，就是需要高校相关主管人员深思的问题了。

第一节　就业指导的内容与意义

一、大学生就业指导的基本概念

1. 就业指导的概念

（1）就业。就业是指劳动者同生产资料相结合从事一定的社会劳动，并取得经济收入的活动。对这一概念的理解，从理论上来说，需要把握 3 个方面：一是要把个人的工作融入整个社会之中；二是要得到社会的认可，必须合理合法；三是要有一定的报酬或经济收入。简而言之，具备劳动能力的人可以通过就业维持生活，同时可以实现社会价值和自身价值。

（2）就业指导。就业指导也称为求职择业指导、职业指导或职业辅导，是指为需要获得职业的人提供如何获得适合自己职业的各种服务和指导，以实现劳动者与职业的完美结合。就业指导有广义和狭义之分。广义的就业指导是指为劳动者选择职业、准备就业，以及在职场中求得发展，进一步提供切实可行的知识、经验和技能；狭义的就业指导是指为面试者传达就业信息、开展中介服务，从而帮助劳动者实现理想的就业。

2. 大学生就业与就业指导

（1）大学生就业的特点。大学生就业和其他人就业不同。首先，就业主体是受过高等教育，有一定思想素质和文化素质的青年群体；其次，大学生从学校步入社会，由学生转为社会人、职业人，大多都没有社会经验；第三，具有较强的群体性和季节性，在同一时间段，数以百万计的毕业生需要就业。

（2）大学生就业指导。大学生就业指导是广义的就业指导，其内容包括：预测就业市场；汇集、传递就业信息；开展就业政策咨询；推荐、介绍毕业生；组织招聘单位开展招聘活动；培养毕业生职业技能；指导大学生职业生涯规划等。通过大学生就业指导帮助和引导大学生树立正确的职业理想和择业观念，提高职业素养、增强就业能力，根据自身的特点和社会职业的需要找准职业定位，选择并确定有利于发挥个人才能和实现个人理想的职业，从而实现学业、就业、职业和事业的协调统一，为社会多做贡献。

二、大学生就业指导的主要内容

当今时代的社会发展迅速，经济形势日新月异，大学生就业成为社会共同关注的热点。在此背景下，就业指导的作用日益突出，因此内容不断丰富，形式也更加多样化。在现阶段，大学生就业指导的主要内容有以下几个方面。

1. 就业思想教育

就业思想教育主要是指择业观教育，要把正确的世界观、人生观、价值观的教育融入就业指导工作中，并落实到职业生涯设计、择业标准、求职道德、成才道路等方面。帮助学生树立正确的择业观，将实现自我价值与社会需要结合起来，树立大局意识、担当意识，培养艰苦奋斗和无私奉献的精神。就业思想教育贯穿大学生就业指导的全过程，能使大学生在求职择业过程中正确认识社会、认识自我，自觉调整择业期望；既能面对现实，保持良好心态，又能勇于竞争，克服"等、靠、要"的思想，积极适应社会。

2. 就业政策指导

就业政策指导是高校毕业生就业的行为准则和求职择业的重要依据。大学生通过了解国家层面的就业政策，熟悉地方性、区域性、行业性的就业政策和措施，有利于根据国家需要并结合个人实际，有针对性地选择职业和就业岗位，克服思想上和行为上的随意性与盲目性。

3. 就业形势指导

就业形势指导主要是帮助大学生了解毕业生状况和人才需求的形势，使大学生全面了解本行业人才市场的近况、行业的改革和发展状况、社会的用人需求数量、人才的基本素质要求等，从而更好地进行职业定位和职业选择，掌握求职择业的主动权。

4. 就业策略指导

就业策略指导也称为就业技巧指导，即对大学生求职择业的策略、方法、手段、技巧等具体操作环节进行指导，是大学生实现顺利就业的必备技能。其内容主要包括：自我认知能力、信息收集和处理能力、自荐方法、面试技巧、沟通能力、职业适应能力等。正确的方法和技巧是成功就业的重要因素。在就业这一双向选择过程中，大学毕业生掌握和运用必要的求职方法和技巧，是提高就业成功率的重要保障。

5. 就业心理指导

就业心理指导是指针对大学毕业生的心理特点和在择业过程中产生的心理问题，运用心理学的原理和方法予以帮助和指导。大学毕业生在就业过程中，面对激烈的竞争和择业这种人生重大选择，由于主观上的不成熟和客观上的诸多因素，容易出现迷茫、自卑、焦虑等心理问题。另外，在大学生向职业人的转变过程中，也会出现很多因不适应而导致的心理问题。因此，帮助大学生提高心理素质，使其勇于面对挫折；保持积极乐观的良好心态；尽快适应社会和工作环境；完成从学生角色到职业角色的转变，是就业心理指导的重要课题。

三、大学生就业指导的意义

1. 有利于正确择业

择业是人生的关键，会直接影响大学生个人的待遇和发展。由于大学生涉世不深，社会经验不足，对国情和社会缺乏深刻的了解和认识，所以对自己究竟适合什么样的工作岗位，缺乏客观、科学的分析和判断，以致在众多的职业岗位面前目不暇接、无所适从。大学生就业指导能帮助大学生更好地认识自我，了解职业，并遵循职业选择原则，做出最佳的职业定位和职业选择。

2. 有利于心理调整

面临就业的选择，怎样分析主客观条件？怎样看待不同的工作岗位的利弊得失？如何把握机会找到一个比较满意的工作？这些都是大多数大学生思考的焦点问题。大学生就业指导通过开展就业心理咨询，指导和帮助大学生克服就业中的焦虑、迷茫、自卑、依赖、急功近利等心理障碍，培养乐观、积极的心态，以及勇于面对挫折和困难的性格，从而走上正确的求职道路。

3. 有利于顺利就业和职业稳定

顺利就业是大学生的美好愿望，关系到大学生未来的生活状态和事业进展。科学的就业指导可以帮助大学生顺利找到一个比较适合自己的工作岗位，顺利进入职场。同时，帮助大学生在正确的人生价值观、良好的道德准则和行为规范的基础上，坚守自己的岗位并获得事业成功。

4. 有利于学校改革和声誉提高

大学毕业生能否适应社会的需求，能否在工作岗位创造成绩，对学校的声誉和发展至关重要。在大学生就业指导过程中，学校可以对如何培养素质高、能力强、社会适应性强的大学生进行实证性的研究，得到来自职场的最真实的反馈，促使学校及时调整专业设置和学科建设，以保证紧缺人才的培养。

第二节　树立正确的就业观念

正确的就业观念是大学毕业生适应社会需要、实现自我价值的基础。当代大学毕业生要树立正确的就业观念，必须明确所肩负的历史使命，树立国家需要为第一需要、报效祖国、责无旁贷、从基层做起、在奉献中实现自我价值等观念。要有艰苦创业的精神，并能正确处理好奉献与索取的关系，因为只有这样，才能把理想与现实紧密地结合起来，才能把知识奉献于社会，最终在社会的大舞台上有所作为。

一、树立普通劳动者的观念，摒弃社会精英的观点

目前，我国的高等教育已进入大众化的发展阶段，精英教育模式已经转变为大众化教育模式。相应地，大学生就业模式也应由精英教育的就业模式向大众化教育的就业模式转变。

在精英教育阶段，由于高等教育是稀缺资源，受教育者的社会地位比较高，被称为"天之骄子"，实行统包统分的就业模式。精英教育条件下形成的思维定式把高等教育的作用定位为培养精英人才，认为大学毕业生是国家干部、白领阶层，只能去大城市、政府、高薪企业工作。持精英教育阶段就业观念的人仍抱有传统的"学而优则仕"的观念，认为毕业后未能找到一个声望好、待遇高的工作，仿佛就是个人事业的失败，或认为高等教育培养的人才就应该从事高级、专门性质的工作，享受国家干部的待遇，对大学生就业的期望值过高。

在大众化教育阶段，接受高等教育已成为大多数人的权利，上大学几近平常事。大学培养的是受过高等教育的普通劳动者，大学毕业生同其他劳动者就业一样双向选择、自主择业。因此，大学生就业观念应该由精英就业观念转变为大众化就业观念。

大学生作为普通劳动者，从事普通劳动者所从事的工作，既可以当工人，也可以从事个体经营，只要是通过诚实劳动为社会创造价值，就是社会所倡导和鼓励的，就可以实现自己的价值。

二、树立动态就业的观念，摒弃就业终身制观点

就业终身制是计划经济的产物，在社会主义市场经济条件下很难做到，即使是在计划经济体制下也不可能完全做到。随着社会对人才要求的更新和提高，人力资源总是在不断交流中得到优化配置、有效地利用。科学技术的突飞猛进和知识的快速更替，以及用人制度的改革和人才市场的建立，必将使失业和就业成为

今后大学毕业生经常遇到的问题。因此，大学毕业生应该意识到，第一份工作对许多人来说更多的是一种锻炼、一段实践经历、一个融入社会的渠道。每个大学毕业生都要有多次就业的思想准备。因此，大学毕业生适当的跳槽行为也是经常发生的事情。

三、树立基层就业观念，摒弃只选择发达城市的观点

就业难的同时，大量的发展机遇也在旧观念的束缚下，从大学毕业生的手边滑过。一方面，在发达地区，大学毕业生就业面临许多困难和问题；另一方面，广大基层单位，特别是边远地区和艰苦行业，还普遍存在人才匮乏的状况。尽管一些县（市）能提供比大城市好很多的工作条件和待遇，但很多大学生还是不愿意去。十几年的寒窗苦读，好不容易来到大城市，却要重新回到基层，他们心里觉得憋屈，认为走向基层以及中小城市是没有出息的表现。只在发达地区就业的观念限制了大学毕业生的眼界，忽视了基层的广阔天地和无数的发展机遇。因此，到基层就业，在发展中地区立业，应当成为当下大学毕业生择业的新思路。

成才有不同的衡量标准，但正确的衡量标准首先应是对国家和社会做出创造性的贡献。由于长期以来，人们在成才标准的认识上存在着固定的、程序化的倾向，从而影响了大学毕业生对就业方向的确定，并造成了职业选择忽热忽冷的现象。在许多人的眼里，当官和成名才是成才的唯一标准。其实，无论从事什么职业，只要把自己所学的知识转化为生产力，为国家、人民做出创造性的贡献都应视为成才。在科研单位搞科研、出成果、出专著是成才，到生产第一线搞科技推广、应用、普及也是成才。至于说成才的条件问题，则需要客观地去对待，大单位有层次高、条件好的优势，但人才济济，难以脱颖而出。到基层去，也有很多有利条件：一是基层缺乏人才，而且基层工作贴近现实，在那里工作容易做出成绩和成果；二是基层领导对人才求贤若渴，到那里容易得到重用；三是艰苦的环境能促人奋进，可以加速人才的成长。中国的现代化建设离不开农村的现代化，

科教兴国战略自然也包括科教兴农。改革开放以来，我国农村迫切需要大量优秀大学毕业生投身于这片广阔天地，传播科技，带领农民致富。从现实和发展上看，中国高等教育大众化，既不能只靠城市生源，更不能仅在城市就业。农村的经济与社会发展也需要并能容纳更多的大学毕业生就业。具有创业精神的大学毕业生到农村就业，更有可能成为新的工作岗位的创造者。

四、树立复合型人才的观念，摒弃专业情结

很多大学毕业生就业时特别喜欢强调要专业对口，认为在大学里花费几年时间所学的专业知识是自己的生存之本，如果离开了自己所学的专业而选择其他行业，就是白白浪费了大学的时光，可谓专业情结影响着他们求职择业的心理。实际上，大多数用人单位在招聘人才时，一般都比较注重面试者的综合素质，至于专业是否完全对口，并不过分计较。现代社会分工越来越细，在校期间所学专业知识很难与现实需要完全吻合，大学毕业生在求职过程中如果过分强调专业对口则难以找到合适的工作。一个具有开拓精神的大学毕业生应看重行业的发展前景，并及时调整自己的择业方向，勇于选择与自己所学专业相近或相关的工作。

在大学毕业生就业市场，经常看到不少大学毕业生因为各种各样的原因盲目追求热门职业，而放弃自己的专业和专长。大学毕业生在选择就业岗位时，一定要慎重考虑，因为现代科技发展使知识更新周期大大缩短。某些专业如果改行一两年后再重操旧业是相当困难的。专业知识是一个人知识体系的主体。而专长则是知识体系的枝干，是知识体系的外延。专业知识决定了就业的适用范围，虽然我们不提倡绝对的专业对口，但应考虑所掌握的主体知识的适应性及所具专长的扩展面。因此，大学毕业生就业时首先要考虑所学的专业，根据专业特点谋求职业，以做到专业特点与职业要求相匹配，才能更好地发挥其专业优势。

事实上，有些用人单位更加注重毕业生的综合素质。他们坚持这样的理念——只要给每位毕业生同等的机会，他们都会尽力做到最好。事实证明，这是科学、明

智的用人之举。因此，大学毕业生应该善于把握机会，并通过认真分析做出符合自身特点的选择。

五、树立自主创业的观念，摒弃给人打工的观念

打工和创业是两种完全不同的就业方式。自主创业是给自己打工，是一种主动就业的行为。新一代大学生精力旺盛，不仅有着强烈的挑战自我、实现自我的激情，还有较高的文化水平、扎实的专业基础、不断创新的意识、超强的自主学习能力、对新知识敏锐的接受力。因此，大学毕业生在探索人生之路时，要勇于挖掘创业潜能，摆脱依赖的心态。此外，从现阶段的就业形势来看，国家宏观政策鼓励大学毕业生自主创业，并为广大大学毕业生的自主创业提供了良好的社会环境，这是创业成功的重要保障。

创业，包含着机遇与挑战。创业是一种精神、一种意识、一种素质，更是无数大学毕业生心中的梦想。

第二章 大学生职业生涯规划概述

第一节 大学生职业生涯规划的基本概念

一、大学生职业生涯规划的定义

关于职业、职业生涯、职业生涯规划的概念，不同的专家学者、不同的研究方向均有不同的论断，可谓"百花齐放、百家争鸣"。对大学生来说，准确地掌握这些概念并从中找到适应当前发展阶段所要把握住的重点问题就需要删繁就简、提纲挈领了。

1. 关于职业的理解

关于职业的定义，本书在前面已经提到了，职业是人们通过专门技术劳动而取得个人收入、履行社会义务并取得社会地位的一种重要的社会现象。但是对大学生来说，这样的概念似乎还不够联系实际，大学生应该从以下 4 个方面来理解职业。

（1）职业是一种需求，强调社会分工。因此，我们应该从社会分工的角度来判断自己的职业定位，从而建立大学阶段的职业学习体系和职业发展体系。

（2）职业的内在属性决定了职业强调专门技能。不同职业有不同的技术要求，因此，要评职称，要考取职业资格证书、专业技术证书等。大学生在大学期间需要从职业的角度出发，提升自己的专业技能，打造自己独特的专业技能体系，铸造自己的核心竞争能力。

（3）职业的社会性决定其强调社会价值。职业是一种社会角色，需要履行社会义务并因此获得社会地位，只有实现了个人的社会价值，才能够确保职业的可存在性及其意义。大学生在大学学习期间，除了需要奠定坚实的专业技术基础之外，还要学会如何处理社会关系，从社会伦理的角度摆正自己的位置，增强自己的社会融入能力。

（4）职业与个人密不可分，强调个人价值。个人在创造社会价值、得到社会认可、满足社会需求的同时，获得了个人劳动的价值。大学生要实现个人价值的不断增值，就需要在大学期间不断地积累，为将来更好地从事自己的职业厚积薄发。

2. 职业生涯

职业在人的一生中举足轻重，人们从事职业活动的时间占据了生命的很大一部分，职业深刻地影响着人们的生活和身心健康，从时间层面上看，人们的职业就是职业生涯，它主要是指一个人职业发展的全部过程和体验。

3. 职业生涯规划

职业生涯规划又叫职业生涯设计，是指个人与组织相结合，在对个人职业生涯的主、客观条件进行测定、分析、总结的基础上，对自己的兴趣、爱好、能力、特点进行综合分析与权衡，结合时代特点，根据自己的职业倾向，确定最佳的职业奋斗目标，并为实现这一目标做出行之有效的安排。职业生涯规划不是找工作，而是为自己谋未来、规划人生。

4. 大学生职业生涯规划

大学生职业生涯规划实际上是在为将来职业发展做准备的大学期间的生涯规划。它是指通过对未来大学生活道路的预期设计，采取相应的措施，谋求在大学生活中取得更大的成功，并为将来职业发展奠定职业素养基础的大学生活管理活动。

二、大学生职业生涯规划的特征

就整个职业生涯来说，大学生职业生涯规划仅仅是职业生涯规划中所占比例很小的一个阶段，但是这个阶段却是决定我们未来职业发展路径的关键阶段，因此，我们必须要重视这个关键阶段，找到这个阶段中要掌握的最重要的知识。大学生职业生涯规划因为其特殊的阶段性，而具有不同于其他阶段的特征。

1. 阶段性

大学生经过 4 年学习后，由于年级、涉及的知识范围和参与的实践活动不同，在认知、情感和意志发展等方面的状况也不同，因此，大学生的生涯规划呈现明显的阶段性特征。

2. 前瞻性

由于大学学习阶段与职业生活还未真正接轨，大学阶段是为职业发展做铺垫的阶段，因此，大学期间的职业生涯规划是为将来进入职场的职业生涯规划做准备的，需要有预见性，要确保为将来的发展埋下种子，能够为将来的职业发展提供巨大的助力，那么，这种规划就必须具有较强的前瞻性。

3. 发展性

俗话说："凡事预则立，不预则废。"推导预见的计划必须因时而变、因势而变，因此，大学生在制定职业生涯规划时，要留有空间，确保自己的规划能够在大方向和目标不变的情况下，适应新的条件、机遇和时代特征的要求。

4. 整合性

大学生职业生涯规划的内容十分丰富，涉及学习、生活、实践、活动、时间安排、自我管理等各个方面，各个方面不仅要体现职业的需求，并且要全面发展，因此具有整合性的特征。

三、大学生职业生涯规划的意义

1. 帮助个人确定人生的方向，提供职业奋斗的目标

大学生进行职业生涯规划能够促使大学生转化角色，完成"接收"知识的人向"接受"知识的人的转变，主动寻求自己未来的发展方向，摆脱生活、学习方式发生变化所带来的困扰，避免迷茫和困惑，正确选择自己的职业目标。

2. 突破自我限定，发掘自我潜能

人贵在有自知之明，知人者智，知己者明。大学生在做职业生涯规划时会对自我的主、客观条件进行分析，了解自己的真实情况，扬长避短地做出职业生涯规划，这个过程就是分析自我、发掘潜力的过程。

3. 有助于提高学生的就业竞争力

在做出职业生涯规划后，按照规划从职业发展的角度来科学管理，有效地组织自己的大学生活，必将使大学生更具有职业素养，更具备征战职场的综合能力，在职场的竞争中披荆斩棘、所向披靡。

第二节　大学生职业生涯规划的基本原则

对大学生而言，大学阶段是职业的准备期，在此阶段进行职业生涯规划是为了提前做好各种准备，进入社会工作。大学生在制定职业生涯规划时，应该注意

以下几个原则。

一、职业生涯规划与兴趣相结合

在职业生涯规划过程中，兴趣是最好的老师，是最初的动力，也是成功之母。兴趣是指一个人寻求并参与某些特定活动的心理倾向，职业兴趣就是个人对某种职业和与其相关的活动、学习科目等的喜好。诺贝尔物理学奖获得者丁肇中说："兴趣比天才更重要。"美国曾对 2000 多名科学家进行调查，发现很少有人是为了谋生而工作的。他们大多是出于对某领域的问题有强烈的兴趣，才能做到不计名利，虽苦犹荣。人们对某种职业感兴趣，就会对该种职业活动表现肯定的态度，就会开拓进取，努力工作，从而取得事业的成功；反之，如果人们强迫自己做不愿意做的工作，对精力、才能都是一种浪费。从事一项喜欢的工作，工作本身就能给你带来满足感，你的职业生涯也会从此变得其乐无穷。

当然，兴趣和爱好不是职业生涯规划的全部依据，只有把它们建立在一定能力的基础上，并与社会需要相结合，它们才会获得现实的基础，才会有实现的可能。所以，我们应该培养自己多方面的兴趣和爱好，以便选择职业时自由度大一些，更能适应各种不同岗位的工作。

二、职业生涯规划与自己的优势相结合

任何职业都要求从业者掌握一定的技能，具备一定的条件。不难想象让一名卡车司机驾驶一架民航客机会出现怎样的后果，职业不同，对技能的要求也不一样。任何一种技能都必须经过一定时间的训练才能掌握，而每个人一生的时间都是有限的，任何人都不可能掌握所有的技能。"尺有所短，寸有所长。"每个人都具有由多种能力组成的能力系统。在个体的这个能力系统中，各方面能力的发展一般来说是不平衡的，常常是某些能力占优势，而另一些能力则不太突出。例如，著名数学家陈景润极富才华，是一个数学天才，却不能在教师职业中发挥自己的优

势。

也许你兴趣广泛，可以掌握多种技能，但所有的技能中总有你的短处，也必有你的强项。有些人善于搞业务，有些人更适合管理。在规划自己的职业生涯时，要选择最有利于发挥自己优势的职业，也就是择己所长。比较优势原理适用于职业生涯规划。当你的长处较多时，不妨观察一下周围人群，研究一下别人的长处和短处，如果你的长处正好是别人的长处，而且别人在这方面比你更具优势时，不妨放弃这种选择，寻找一个你非常拿手、别人却感到棘手的职业，这种选择往往会让你在职场上得到更好的发展。因为在这一领域内，很少有人能与你竞争。

三、职业生涯规划与社会需求相结合

社会需求会不断变化，旧的需求不断消失，同时新的需求不断产生。一个人在选择职业岗位时，应把社会需求作为出发点和归宿，以社会对人的要求为准绳，认识和解决择业问题，进而确定自己的职业岗位。社会需求是对个体需求的集中和概括，没有社会需求，就没有职业分工，也就不存在职业岗位选择的问题。古今中外，人们对职业岗位的选择都是受社会需求制约的。

大学生在选择职业岗位时，考虑个人因素是不可避免的，也无可非议，但还要考虑这种选择是否符合社会需求。如果职业岗位选择符合社会需求，这种选择就有充分实现的可能；如果职业岗位选择不符合社会需求，就会影响职业理想的实现。当然，社会需求是多方面的，在社会需求的范围内，大学生应该追求更高的目标，为社会做出更大的贡献。个人对社会职业进行选择，社会职业也对个人进行选择。因此，人们在选择职业时无法也不可能摆脱社会需求。现在，高校毕业生就业制度的改革虽然使毕业生有了择业自主权，但它是相对的、有条件的。个人如果无视这一客观规律的存在，无视社会的实际需求，一味地去进行自我设计，在实践中是很难做出明智选择的。

四、职业生涯规划与自我价值相结合

心理学研究指出，需要是指在一定的社会生活条件下，人们对客观事物的需求。对个体而言，一切行动都是由需要引起的。美国人本主义心理学家马斯洛认为，人类的需求分为 5 个层次：第一，生存的需求；第二，生理的需求；第三，社交的需求；第四，尊重的需求；第五，自我价值实现的需求。这些需求有先后次序和高低层次上的差别，前 3 种需求是人生存的基本需求，后 2 种需求是较高层次的需求。人们不得不承认的是，职业对个人而言，依然是一种谋生手段，在谋取个人福利的同时，也创造了社会价值，为社会做出了贡献。人们谋求职业的第一动机却很简单，首要目的是使个人生活得幸福，利益倾向支配着人们的职业选择。

在择业的时候，我们首先要考虑预期收益，这种预期收益要求实现幸福的最大化，也就是使收益最大化。个人预期收益在于使自己由低到高的基本需求得到最大满足，而衡量其满足程度的指标表现在收入、社会地位、职业生涯的稳定性与挑战性等方面。不同的人有不同的偏好，每个人都会尽可能地满足自己所有的需求。

第三节　大学生职业生涯规划的基本理论

由于我国高等教育的迅速发展，每年的毕业生人数增加很快，我国的就业制度又进行了改革，使我国的毕业生的就业面临严峻的挑战，给社会和个人带来了严重的压力。所以，在我国进行适当的职业生涯咨询与辅导成为当务之急。下面对职业发展理论中几个比较著名的理论进行述评，为大学毕业生及其他需要了解

职业发展理论的人们提供了一定的理论借鉴。

一、帕森斯与特质因素理论

1. 特质因素理论的含义

特质因素理论是职业生涯管理理论中最悠久的一种理论，它源于 19 世纪官能心理学的研究，特质因素理论最早由美国波士顿大学的弗兰克·帕森斯教授提出。特质因素理论是用于职业选择与职业指导的经典理论之一。

帕森斯的特质因素理论又称帕森斯的人职匹配理论。特质因素理论是最早的职业辅导理论。1909 年，美国波士顿大学教授弗兰克·帕森斯在其《选择一个职业》的著作中提出了人与职业相匹配是职业选择的焦点的观点，他认为，个人都有自己独特的人格模式，每种人格模式的个人都有其相适应的职业类型。所谓"特质"，就是指个人的人格特征，包括能力倾向、兴趣、价值观和人格等，这些都可以通过心理测量工具来加以评量。所谓"因素"，则是指在工作上要取得成功所必须具备的条件或资格，这可以通过对工作的分析而了解。

2. 帕森斯特质因素理论的应用步骤

（1）评价求职者的生理和心理特点（特性）。通过心理测量及其他测评手段，获得有关求职者的身体状况、能力倾向、兴趣爱好、气质与性格等方面的个人资料，并通过会谈、调查等方法获得有关求职者的家庭背景、学业成绩、工作经历等情况，对这些资料进行评价。

（2）分析各种职业对人的要求（因素），并向求职者提供有关的职业信息，具体包括以下几个方面。

①职业的性质、工资待遇、工作条件以及晋升的可能性。

②求职的最低条件，如学历要求、所需的专业训练、身体要求、年龄、各种能力以及其他心理特点的要求。

③为准备就业而设置的教育课程计划，以及提供这种训练的教育机构、学习年限、入学资格和费用等。

④就业机会。

（3）人职匹配。指导人员在了解求职者的特性和职业的各项指标的基础上，帮助求职者进行比较分析，以便选择一种既适合其个人特点，又有可能得到并能在职业上取得成功的职业。

3. 帕森斯特质因素理论人职匹配的类型

（1）因素匹配。例如，需要有专门技术和专业知识的职业与掌握该种技能和专业知识的择业者相匹配；脏、累、苦等劳动条件很差的职业，需要有吃苦耐劳、体格健壮的劳动者与之匹配。

（2）特性匹配。例如，具有敏感、易动感情、不守常规、个性强、理想主义等人格特性的人，适合从事审美性、自我情感表达的艺术创作型的职业。

4. 特质因素理论的意义与局限

特质因素理论强调个人所具有的特性与职业所需要的素质与技能（因素）之间的协调和匹配。为了对个体的特性进行深入、详细的了解与掌握，特质因素理论十分重视人才测评的作用，可以说，特质因素理论进行职业指导以对人的特性的测评为基本前提。它首先提出了在职业决策中进行人职匹配的思想。故这一理论奠定了人才测评理论的基础，推动了人才测评在职业选拔与指导中的运用和发展。

总体来说，特质因素理论讲究科学理性，符合逻辑推理的方法，指导方法十分具体，便于学习和操作。特质因素理论也注重职业资料的重要性，强调个人必须对职业有正确的态度与认识，才能做出正确的职业选择。它所提出的对个人提供有关职业资料服务，的确能增进职业指导的功能。

但是，特质因素理论将个人与工作进行匹配，其前提是个人的特质和工作的性质是固定不变的。而事实上，这两者都是在变化之中的，所以从发展的观点来看，特质因素理论存在一定的缺陷。特质因素理论还注重心理测试工具的使用，这一点也受到了人们的很大质疑。因为心理测试工具本身存在信度与效度的问题。此外，它强调理性的适配，而忽略了情感在决策中的影响作用。

二、霍兰德与人业互择理论

1. 人业互择理论的内涵

人业互择理论又叫"职业规划理论——霍兰德六角形理论"，即职业选择也是人格的表现。霍兰德提出了 4 个基本假设：

（1）人的个性大致可分为 6 种类型，即现实型、研究型、艺术型、社会型、企业型和常规型。

（2）所有职业均可划分为相应的六大基本类型，任何一种职业大体上都可以归属于 6 种类型中的一种或几种类型的组合。

（3）人们一般都倾向于寻找与其个性类型相一致的职业类型，追求充分施展其能力与价值观，承担令人愉快的工作和角色。

（4）个人的行为取决于其个性与所处的职业类型，可以根据有关知识对人的行为进行预测，包括职业选择、工作转换、工作绩效以及教育和社会行为等。

在这 4 个前提的基础上，霍兰德提出了六角形模型。他强调个人的人格与工作环境之间的适配和对应是职业满意度、职业稳定性与职业成就的基础。在我们的文化里，大致可以将人的性格类型分为 6 种，这 6 种类型可以按照固定顺序排成一个六角形，如图 2-1 所示。

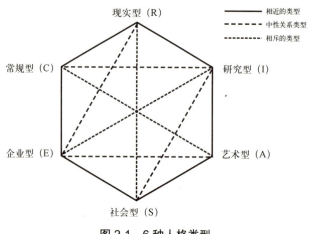

图 2-1　6 种人格类型

2.6 种人格性向

美国职业指导专家约翰·霍兰德在研究中发现，不同的人具有不同的人格特征，不同的人格特征适合从事不同的职业。由此，他指出人格（包括价值观、动机和需要等）是决定一个人选择何种职业的另外一个重要因素，并提出了著名的职业性向理论，指出决定个人选择职业的 6 种基本的"人格性向"。

（1）现实性向。这种类型的人真诚坦率，较稳定，讲求实利，害羞，缺乏洞察力，容易服从。他们一般具有机械方面的能力，乐于从事半技术性的或手工性的职业，如运动员、管道工、装配线工人等。这类职业的特点是有连续性的任务需要却很少有社会性的需求，如谈判和说服他人等。

（2）研究性向。这种类型与现实型几乎相反。这一类型的人为了知识的开发与理解而乐于从事现象的观察与分析工作。这些人思维复杂，有创见和主见，但无纪律性，不切实际，易于冲动。具有这种性向的人会被吸引从事那些包含较多认知活动的职业，如生物学家、社会学家、数学家等。在商业性组织中，这类人经常担任的是研究、开发及咨询、参谋等职务。这些职务需要的是复杂的分析，而不必去说服、取信于他人。

（3）社会性向。具有这种性向的人喜欢为他人提供信息，帮助他人，喜欢在秩序井然、制度化的工作环境中发展人际关系和进行工作。这些人除了爱社交之外，还有机智老练、友好、易了解、乐于助人等特点。其个性中较消极的一面是独断专行，爱操纵别人。社会型的人适于从事护理、教学、市场营销、销售、培训与开发等包含着大量人际交往活动的职业。

（4）常规性向。具有这种性向的人会被吸引从事那些包含着大量结构性和规则性的职业，如会计和银行职员。这一类人容易组织起来，喜欢和数据型及数字型的事实打交道，喜欢明确的目标，不能接受模棱两可的状态。可以用这一类的词语来表述他们：服从的、有秩序的、有效率的、实际的。缺点是缺乏想象，缺少灵活性。这种个性类型的人最适于从事事务性的职业，如会计、出纳员、银行职员。

（5）企业性向。这种类型的人与社会型的人的相似之处在于喜欢与人合作。其主要的区别是，企业型的人喜欢领导和控制他人（而不是去帮助他人），其目的是达到特定的组织目标。这种类型的人自信、有雄心、精力充沛、健谈。其个性特点中较消极的一面是专横、权力欲过强、易冲动。具有这种性向的人会被吸引从事那些包含着大量以影响他人为目的的语言活动的职业，如管理人员、律师。

（6）艺术性向。这种类型与常规型形成最强烈的反差。他们喜欢选择音乐、艺术、文学、戏剧等方面的职业。他们富有想象力、直觉强、易冲动、好内省、有主见。这一类型的人在语言方面的资质强于数学方面。如果用消极一些的语言描述，这类人是感情极丰富的、无组织无纪律的。具有这种性向的人会被吸引从事那些包含着大量自我表现、艺术创造、情感表达和个性化的职业，如艺术家、广告创意人员。

实际上，每个人不是只包含一种职业性向，而是可能为几种职业性向的混合。霍兰德认为，性向越相似，则一个人在选择职业时面临的内在冲突和犹豫就越少。霍兰德用一个六角形来表示各种性向的相似性。

3. 职业环境的类型

霍兰德职业倾向可以被归纳为 6 种类型：现实型（Realistic）、研究型（Investigative）、艺术型（Artistic）、社会型（Social）、企业型（Enterprising）和常规型（Conventional），如表 2-1 所示。

表 2-1　霍兰德职业倾向

类　　型	喜欢从事的工作	看重的价值观	自我评价	他人评价
现实型（R）	使用机器、工具及物件	看重看得见的成就、金钱、奖励、诚实	重视实践、保守、动手操作能力优于社交技巧	谦虚、坦诚、独立坚定
研究型（I）	探索、理解事情或物体	看重知识、学习、成就、独立	善于分析、有智慧、有怀疑精神、学术技巧优于社交技巧	有智慧、内向、独立的学者型
艺术型（A）	阅读、音乐、写作、艺术活动	看重创意、表达、自我、审美	开放、富有想象力、高智能，创作技巧优于文书或办公室技巧	不平常、不重视常规、具有创作才能、敏感
社会型（S）	帮助、教导、辅导或服务他人	看重社会公益、服务和理解	富有同情心、有耐心，社交技巧优于动手操作技巧	乐于助人，喜欢与人相处，富有耐心
企业型（E）	游说或指挥他人	看重财富、在社会上的成功、冒险精神和责任感	信心十足、喜欢交际、销售及游说能力优于科研能力	有动力、精明、外向，有野心
常规型（C）	依照已有规定办事，符合清楚的标准	看重准确、效率、借鉴，在商务或社会事务上的权力	尽职、踏实，在商业和生产方面的技能优于艺术创作技能	谨慎、循规蹈矩、有效率、有秩序

下面再对这 6 种职业类型进行详细描述。

（1）现实型的职业。现实型的职业通常是指那些对物体、工具、机器、动物等进行操作的工作。从事现实型职业的人通常具有现实型的人格特质。他们大多是现实的、机械的，并具有传统的价值观，倾向于用简单、直接的方式来处理问题，也用他们的机械和技术能力来进行生产。

（2）研究型的职业。研究型的职业通常是指那些对物理学、生物学或文化知识进行研究和探索的职业。从事研究型职业的人通常具有研究型的人格特质。他们大多有学问、聪明，获取成就的方式主要是通过证明他们的科学价值而达到，这样的人一般会以复杂、抽象的方式看待世界，并倾向于用理性和分析的方式来处理问题。

（3）艺术型的职业。艺术型的职业通常指那些进行艺术、文学、音乐和戏剧创作的职业。从事艺术型职业的人通常具有艺术型的人格特质。他们大多擅长表达，富有创造力，直觉能力强，不随大流，独立性强。他们通常以展示自己的艺术价值来获取成就，以复杂的和非传统的方式来看待世界，与他人交往更富于情感和表达。

（4）社会型的职业。社会型的职业主要是那些与人打交道的工作，如教导、培训、发展、治疗或启发人的心智等。从事社会型职业的人通常具有社会型的人格特质。他们通常乐于助人、善解人意、灵活而随和。他们获取成就的主要方式是通过展示自己的社会价值，并常常以友好、合作的方式与人相处。

（5）企业型的职业。企业型的职业主要是指那些通过控制、管理他人而达到个人或组织目标的职业。从事企业型职业的人通常具有领导和演说才能，通过展示自己的金钱、权力、地位等来获取成就，常常以权力、地位、责任等为标准来衡量外界事物，并通过控制的方式来处理问题。

（6）常规型的职业。常规型的职业通常是指那些对数据进行细致有序的系统处理的工作，如录入、档案管理、信息组织和工作机器操作等。从事常规型工作的人通常具有常规型的人格特质。他们通常整洁有序，擅长文书工作，一般会在适应性和依赖性的工作中获取成就。他们通常以传统的和依赖的态度来看待事物，并且以认真、现实的方式来处理问题。

4. 人业互择理论的意义与局限

霍兰德从实际经验出发，经过长期的实验研究，把人的性格类型主要划分为

6 种，并指出各种性格类型之间的相近、中性和相斥的关系，具有科学性。他把性格类型与职业指导结合起来，致力于性格类型和职业的匹配，对职业指导具有重大意义，他的研究成果已被许多学科所采用。人业互择理论的产生最早是由于临床医学实践的需要，现在已广泛地应用到教育、医疗、管理、军事和职业选择等领域。

但是，类型论把人的极端复杂的性格概括为少数几种类型，必然会忽视中间型。与此相关，如果将一个人划入某种性格类型，就会只注意这种类型中有关的特征，而忽视其他特征，即只注意一个人一个方面的特征，而忽视其他方面的特征，这样就会导致简单化和片面性。另外，类型论也容易将人的性格固定化、静止化，忽视性格的变化和发展，特别是容易忽视影响性格形成和发展的环境因素。因此，我们应该把偏重于对性格的质和整体了解的类型论与从量上分析性格的特质论结合起来。

三、施恩与职业生涯发展九阶段理论

1. 职业生涯发展九阶段理论的含义

美国麻省理工学院斯隆商学院教授、著名的职业生涯管理学家施恩立足于人生不同年龄段面临的问题和职业工作主要任务，将职业生涯分为 9 个阶段：成长、幻想、探索；进入工作世界；基础培训；早期职业的正式成员资格；职业中期；职业中期危险阶段；职业后期；衰退和离职；离开组织或职业——退休。

2. 职业生涯发展九阶段理论的具体内容

施恩将职业生涯发展分为 9 个阶段，具体如下。

（1）成长、幻想、探索阶段。一般 0～21 岁处于这一职业发展阶段，主要任务包括：①发展和发现自己的需要、兴趣、能力和才干，为进行实际的职业选择打好基础；②学习职业方面的知识，寻找实现的角色模式，获取丰富的信息，发展和发现自己的价值观、动机和抱负，做出合理的受教育决策，将幼年的职业幻想变为可操作的现实；③接受教育和培训，开发工作世界中所需要的基本习惯和技能。在这一阶段所充当的角色是学生、职业工作的候选人、申请者。

（2）进入工作世界。16～25 岁的人步入该阶段。主要任务包括：①进入劳动力市场，谋取可能成为一种职业基础的第一项工作；②个人和雇主之间达成正式可行的契约，个人成为一个组织或一种职业的成员，充当的角色是应聘者、新学员。

（3）基础培训。处于该阶段的年龄为 16～25 岁，与正在进入职业工作或组织阶段不同，要担当实习生、新手的角色。也就是说，已经迈进职业或组织的大门。此时的主要任务是了解、熟悉组织，接受组织文化，融入工作群体，尽快取得组织成员资格，成为一名有效的成员；适应日常的操作程序，应付工作。

（4）早期职业的正式成员资格。此阶段的年龄为 17～30 岁，取得组织新的正式成员资格。主要任务包括：①承担责任，成功地履行第一次工作分配的有关任务；②发展和展示自己的技能和专长，为提升或进入其他领域的横向职业成长打基础；③根据自身才干和价值观，根据组织中的机会和约束，重估当初追求的职业，决定是否留在这个组织或职业中，或者在自己的需要、组织约束和机会之间寻找一种更好的平衡。

（5）职业中期。处于职业中期的正式成员年龄一般在 25 岁以上。主要任务包括：①选定一项专业或进入管理部门；②保持技术竞争力，在自己选择的专业或管理领域内继续学习，力争成为一名专家或职业能手；③承担较大责任，确立自己的地位；④开发个人的长期职业计划。

（6）职业中期危险阶段。处于这一阶段的年龄是 35～45 岁。主要任务包括：①现实地估价自己的进步、职业抱负及个人前途；②就接受现状或争取看得见的前途做出具体选择；③建立与他人的良师关系。

（7）职业后期。从 40 岁以后直到退休，处于职业后期阶段。此时的职业状况或任务：①成为一名良师，学会发挥影响，指导、指挥别人，对他人承担责任；②扩大、发展、深化技能，或提高才干，以担负更大范围、更重大的责任；③如果求安稳，就此停滞，则要接受和正视自己影响力和挑战能力的下降。

（8）衰退和离职。一般在 40 岁以上到退休期间，不同的人在不同的年龄会衰退或离职。此时主要的职业任务包括：①学会接受权力、责任、地位的下降；②基于竞争力和进取心下降，要学会接受和发展新的角色；③评估自己的职业生涯，着手退休。

（9）离开组织或职业——退休。在失去工作或组织角色之后，面临两大问题或任务：一是保持一种认同感，适应角色、生活方式和生活标准的急剧变化；二是保持一种自我价值观，运用自己积累的经验和智慧，以各种资源角色，对他人进行传、帮、带。

需要指出的是，施恩虽然基本依照年龄增大顺序划分职业发展阶段，但并未囿于此，其阶段划分更多地根据职业状态、任务、职业行为的重要性。正如施恩划分职业周期阶段是依据职业状态和职业行为及发展过程的重要性，又因为每人经历某一职业阶段的年龄有别，所以，他只给出了大致的年龄跨度，并与表现在职业阶段上所示的年龄有所交叉。

四、金斯伯格的职业生涯发展理论

金斯伯格是美国著名的职业指导专家、职业生涯发展理论的代表人物之一，同时也是职业生涯发展理论的先驱者。其研究重点是从童年到青少年阶段的职业心理发展，其研究对象则是美国富裕家庭的人。通过比较他们从儿童期到成年早期和成熟过程中的各个关键点上有关职业选择的想法和行动，金斯伯格把人的职业选择心理的发展分为幻想期、尝试期和现实期 3 个阶段。

1. 幻想期（4～11 岁）

在幻想期，儿童对于大千世界，特别是对于他们所看到的或接触到的各类职业工作者，如教师、医生、护士、警察、军人、飞行员、演员、售货员等，都充满了新奇的感觉，幻想着自己长大后成为什么样的人、做什么等，并常常会在游戏中扮演他们各自所喜爱的角色，甚至还会在日常穿着打扮与语言行动上进行效仿。这一时期的职业需求特点是单纯由自己的兴趣爱好决定的，并不考虑也不可能考虑自身的条件、能力水平和社会需要与机遇，完全处于幻想中。

这一时期儿童心理发展总的特点是：属于单纯的兴趣爱好与模仿；不考虑自身的条件和能力水平；不能形成与社会需要相适应的机制，完全处于幻想中。

2. 尝试期（11～17 岁）

尝试期是指在初中、高中学习，由少年向青年过渡的时期。在这一时期，人的心理和生理均在迅速成长、发育和变化。这一时期的人开始拥有独立的意识，价值观念也初步形成，知识和能力显著增长与增强，初步懂得社会生产与生活的经验。这一时期的职业需求特点是不仅注意自己的职业兴趣，而且更多、客观地审视自身各方面的条件、能力和价值观；开始注意职业角色的社会地位、社会意义，以及社会对该职业的需要。尝试期又可细分为以下 4 个阶段。

（1）兴趣阶段（11～12 岁），开始注意培养自己对某些职业的兴趣。

（2）能力阶段（13～14 岁），开始以个人的能力为核心，衡量并测验自己的能力，并将其表现在各种相关的职业活动上。

（3）价值观阶段（15～16 岁），开始注意了解各种职业的社会价值和个人价值，并运用这些价值审视自己的职业兴趣和能力，以便进行职业选择。

（4）综合阶段（17 岁），开始综合有关职业信息，并综合判断个体职业发展方向，缩小职业兴趣范围，把自己在前几个阶段中形成的职业价值判断和早期职业行动，转移到自己初步确定的职业方向上。

3. 现实期（17 岁以上）

现实期指 17 岁以后的青年和成年时期。在这一时期，即将参加社会劳动，人们能够客观地把自己的职业愿望或要求同自己的主观条件、能力以及社会现实的职业需要密切联系和协调起来，寻找适合自己的职业角色。这一时期的职业需求已经不再模糊不清，而是有着具体而现实的职业目标，其表现出的最大特点是客观性、现实性。

金斯伯格按职业心理的发展顺序将现实期也分为以下 3 个阶段。

（1）试探阶段。对尝试期初步确定的职业方向进行各种职业的试探活动，如调查、访谈、参观、考察、查询、咨询等，了解职业发展的方向及就业机会，为职业生涯做准备。

（2）具体化阶段。对职业试探活动中的某些结果，结合自己的情况进行比较分析，再一次缩小职业选择范围，使自己的职业选择方向更加具体、明确。

（3）专业化阶段。对个体职业发展的专业方向进行确认，并以实际行动投入目标变为现实的行为过程中。这一阶段包括选择到专业院校学习和直接对工作单位进行选择。

金斯伯格于 1983 年对他的职业选择理论进行了重新阐述，其中着重强调的一点就是：对那些从工作中寻找满足感的人来说，职业选择是一个终身的决策过程，是他们不断增进自己正在变化的职业目标和工作现实之间匹配的过程。这一过程受 3 个因素的影响：最初的职业选择、最初的选择与随后工作经验所给予的反馈以及经济与家庭状况。这就是说，如果一个人最初的职业选择没有达到所期望的职业满意度，他很可能要重新进行一次职业选择，而再次的职业选择依然受到家庭和经济状况等因素的制约。

五、舒伯与职业生涯发展理论

1. 生涯发展理论

舒伯根据"生涯发展形态"研究的结果，参照布勒的分类，将生涯发展阶段划分为成长、探索、建立、维持与衰退 5 个阶段，其中有 3 个阶段与金斯伯格的分类相近，只是年龄与内容稍有不同。舒伯增加了就业以及退休阶段的发展，具体分述如下。

（1）成长阶段（14岁以下）。成长阶段，孩童开始发展自我概念，以各种不同的方式来表达自己的需要，并且经过对现实世界不断地尝试，修饰自己的角色。

成长阶段发展的任务是发展自我形象，发展对工作世界的正确态度，并了解工作的意义。这个阶段共包括3个时期：一是幻想期（4～10岁），它以"需要"为主要考虑因素，在这个时期幻想中的角色扮演很重要；二是兴趣期（11～12岁），它以"喜好"为主要考虑因素，喜好是个体抱负与活动的主要决定因素；三是能力期（13～14岁），它以"能力"为主要考虑因素，能力逐渐具有重要作用。

（2）探索阶段（15～24岁）。探索阶段的青少年，通过学校的活动、社团休闲活动、打零工等机会，对自我能力及角色、职业做了一番探索，因此选择职业时有较大的弹性。

探索阶段发展的任务是使职业偏好逐渐具体化、特定化并实现职业偏好。这个阶段共包括3个时期：一是试探期（15～17岁），考虑需要、兴趣、能力及机会，做暂时的决定，并在幻想、讨论、课业及工作中加以尝试；二是过渡期（18～21岁），进入就业市场或专业训练，更重视现实，并力图实现自我观念，将一般性的选择转为特定的选择；三是试验并稍做承诺期（22～24岁），职业生涯初步确定并试验其成为长期职业生活的可能性，若不适合，则可能再经历上述各时期以确定方向。

（3）建立阶段（25～44岁）。由于经过探索阶段的尝试，不合适者会谋求变迁或做出其他探索，因此建立阶段较能确定在整个职业生涯中属于自己的"位子"，在31～40岁开始考虑如何保住这个"位子"并固定下来。

建立阶段发展的任务是统整、稳固并求上进。这个阶段又可细分为两个时期：第一个是试验—承诺稳定期（25～30岁），个体寻求安定，也可能因为生活或工作上的若干变动而尚未感到满意；第二个是建立期（31～44岁），个体致力于工作上的稳固，大部分人处于最具创意时期，由于资深而往往业绩优良。

（4）维持阶段（45～65 岁）。在维持阶段，个体仍希望继续维持属于他的工作"位子"，同时会面对新的人员的挑战。这一阶段发展的任务是维持既有成就与地位。

（5）衰退阶段（65 岁以上）。由于生理及心理机能日渐衰退，个体不得不面对现实，从积极参与到隐退。衰退阶段往往注重发展新的角色，寻求不同方式以替代和满足需求。

2. 职业循环发展理论

在上述舒伯的生涯发展阶段中，每一阶段都有一些特定的发展任务需要完成，每一阶段需达到一定的发展水准或成就水准，而且前一阶段发展任务的达成与否关系到后一阶段的发展。

在后来的研究中，舒伯对发展任务的看法又向前跨了一步。他认为在人的生涯发展中，各个阶段同样要面对成长、探索、建立、维持和衰退的问题，因而形成"成长—探索—建立—维持—衰退"的循环。例如，一个大学一年级的新生必须适应新的角色与学习环境，经过"成长"和"探索"，一旦"建立"了较固定的适应模式，同时"维持"了大学学习生活之后，又要开始面对另一个阶段——准备求职。原有的已经适应了的习惯会逐渐衰退，继而对新阶段的任务又要进行"成长""探索""建立""维持""衰退"的循环，如此周而复始。

3. 生涯彩虹图

为了综合阐述生涯发展阶段与角色彼此间的相互影响，舒伯创造性地描绘出一个多重角色生涯发展的综合图形——生涯彩虹图，形象地展现了生涯发展的时空关系，更好地诠释了生涯的定义。在生涯彩虹图中，纵向层面代表的是纵观上下的生活空间，由一组职位和角色所组成，分成子女、学生、休闲者、公民、工作者、持家者 6 个不同的角色，他们相互影响，交织出个人独特的生涯类型。

他认为个人在发展的历程中，随着年龄的增长而扮演不同的角色，如图 2-2 所示的外圈为主要发展阶段，内圈阴暗部分的范围长短不一，表示在该年龄阶段各种角色的分量；在同一年龄阶段可能同时扮演数种角色，因此彼此会有所重叠，但其所占比例分量则有所不同。

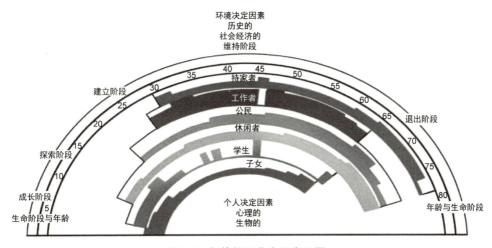

图 2-2 舒伯的职业生涯彩虹图

（1）横贯一生的彩虹——生活广度在一生生涯的彩虹图中，横向层面代表的是横跨一生的生活广度。彩虹的外层显示人生主要的发展阶段和大致估算的年龄：成长期（约相当于儿童期）、探索期（约相当于青春期）、建立期（约相当于成年人前期）、维持期（约相当于中年期）以及衰退期（约相当于老年期）。在这 5 个主要的人生发展阶段内，各个阶段还有小的阶段，舒伯特别强调各个时期的年龄划分有相当大的弹性，应依据个体的不同情况决定。

（2）纵贯上下的彩虹——生活空间在一生生涯的彩虹图中，纵向层面代表的是纵贯上下的生活空间，由一组职位和角色所组成。舒伯认为，人在一生中必须扮演 9 种主要的角色，依次是儿童、学生、休闲者、公民、工作者、夫妻、家长、父母和退休者。各种角色之间是相互作用的，一个角色的成功，特别是早期的角色如果发展得比较好，将会为其他角色提供良好的关系基础。但是，在一个角色上投入过多的精力，而没有平衡协调各角色的关系，则会导致其他角色的失败。在每一个阶段对每一个角色的投入程度可以用颜色来表示，颜色面积越多，表示该角色投入的程度越大；空白越多，表示该角色投入的程度越小。

六、格林豪斯的职业发展理论

舒伯和金斯伯格都是从人生不同年龄段对职业的需求与态度来研究职业生涯发展过程，划分职业生涯阶段的。格林豪斯则是从人生不同年龄段职业生涯发展所面临的主要任务的角度对职业生涯发展进行研究的，并以此为依据，将职业生涯发展划分为以下 5 个阶段。

1. 职业准备阶段

典型的职业准备阶段的年龄为 0~18 岁。主要任务是发展职业想象力，对职业进行评估和选择，接受必需的职业教育。

2. 进入组织阶段

18~25 岁为进入组织阶段。主要任务是在一个理想的组织中获得一份工作，在获取足量信息的基础上，尽量选择一种合适的、较为满意的职业。

3. 职业生涯初期

处于职业生涯初期的典型年龄为 25~40 岁。主要任务是学习职业技术，提高工作能力；了解和学习组织纪律和规范，逐步适应职业工作，适应和融入组织；为未来的职业成功做好准备。

4. 职业生涯中期

40~55 岁是职业生涯中期阶段。主要任务是需要对早期职业生涯进行重新评估，强化或改变自己的职业理想；选定职业，努力工作，有所成就。

5. 职业生涯后期

从 55 岁直至退休为职业生涯后期。主要任务是继续保持已经有的职业成就，维护尊严，准备引退。

第四节　大学生职业生涯规划的基本步骤

大学生在进入大学学习之初对一切都感到新奇，想要进行尝试。通过一段时间的熟悉和了解后开始出现两种情况：能够理清思路的会把握住大学学习生活的重点，掌握学习生活的主动权，职业道路非常顺利；不能理清思路的就完全放弃、沉沦，得过且过，最后可能连文凭都拿不到，职业对他们来说基本是没有头绪的。那么，大学生究竟要如何进行职业生涯规划呢？下面我们来介绍大学生职业生涯规划的步骤和内容。

一、职业生涯规划的步骤

1. 自我分析

自我分析就是充分地对自己做全面分析，通过分析全面认识自己、了解自己。对自己的职业兴趣、能力水平和结构、优缺点、气质风格、职业价值观等内容进行评估。只有认识自己，摸清楚自己的整体面貌，才能够正确地选择职业方向，确定适合自己的职业发展路线。自我分析是职业生涯规划过程中非常重要的一个步骤，是职业生涯规划的基础，只有充分认识自我，才能避免职业生涯规划过程中的盲目性，形成科学有效的职业生涯规划。

2. 外部环境分析

对外部环境的分析主要是从组织环境和社会环境两个方面进行分析。组织环境即是对今后自己所任职的单位组织发展状况进行分析，从自己在组织中的角色出发，分析个体将来的发展途径。与此同时，社会环境对个人的职业生涯规划也有着十分重要的影响，对社会环境的分析要从经济环境、人口环境、科教环境、政治与法律环境、社会文化环境、国际环境等多方面进行分析，力求全面。

3. 确定目标

在对个体的职业状况进行充分分析后，需要确定自己的职业目标。没有目标就没有方向，确立目标是职业生涯规划的关键。在确立目标的过程中要注意形成目标体系，而不是单一的目标罗列，既要注意目标体系的串联关系，也要把握目标体系的并联关系。从时间上来说，要先确立终极目标，再确立长期目标，还要设立中期目标和短期目标；从空间上来说，要进行目标分解，细化步骤，为实现目标创造充分的条件，促成阶段性目标的精准实现。

4. 方案的制定和实施

目标必须要通过具体的实践才能够实现，那么如何去一步步地实现自己的职业生涯规划目标呢？这就需要我们在目标体系的指导下制定实现每一步目标任务的运作方案，把目标落实到每一项实际行动中去。在制定方案的过程中要注意资源的整合和充分使用，要具备现实性，确保每一个方案都符合职业生涯规划的目标需求，能够促进目标的科学有效实现。

5. 反馈修正

在职业生涯规划实施的过程中难免会发生计划和实际冲突的情况，而且对于目标实现的质量，我们也需要进行把控。计划不要做得太满，要有弹性空间，确保修改时有足够空间，反馈修正目标和实施方案十分有必要。在反馈修正的过程中，必须确保根据实际情况，而不是单纯的个人主观判断，避免"小猫钓鱼"的错误。成功的职业生涯规划需要因时而变、因势而变，不断比对内外环境发生的变化，对自己的规划进行反馈修正，做出调整。

二、大学生职业生涯规划

大学是职业生涯开始的前站，是助力职业发展的加油站，在面对大学生活的新鲜之余，我们必须认真把大学生涯规划作为职业生涯规划的重要组成部分，规划好自己的大学生活，为将来的就业和职业发展做好充分的准备。

对于大学生职业生涯规划，应该从以下几个方面入手。

1. 规划自己的学业

大学的学习不同于高中的学习，除了学习知识和技术以外，还有更重要的学习内容，那就是学习的方法、思考的方法和做人做事的方法，因此，我们的学习要从单纯的获取式学习转变为创造性学习、发散式学习、辐射式学习，变被动为主动，积极构建自己的知识体系和思想体系，逐渐成为有智慧、有思想的人。

（1）要确立自己的学习目标，为自己大学 4 年的学习理清一条明确的上升道路。要先确定长期目标，这个目标应该是大学期间的最终目标，是大学毕业的时候经过个人努力可以达到或者接近的水平。确立长期目标要充分考虑个人自身条件和环境因素，因时、因地制宜。在长期目标的指导下，要从横向和纵向上确立阶段性的目标，形成学业目标网络。在制定目标网络的过程中，要注意具有可操作性，尽可能地量化，为阶段性目标的评估自查、总结分析、修订完善提供翔实、准确、可分析的依据。

（2）要根据目标制定学习计划。制定学习计划就是制定大学期间学习的基本方案，将学习目标落实到实际中去。要从可操作性的角度制定每学年、每学期、每月、每周、每日的学习计划。学习计划制定的重点在于可操作性、预见性、相对弹性、超越性和可实现性，难点在于时间把控，具体执行。

（3）利用大学的平台，充分整合学习资源。大学是一个没有外延的广阔平台，有的人只看见了它可见的内容，未看见它潜在的内容，甚至可见的内容也没有看完全。在大学里，我们可以拥有更多的学习资源，例如，对课本知识的学习已经超越了过去的一门课一本书的边界，要辐射式、发散式地学习知识点，你可能会因为一个知识点牵出一个知识网；图书馆拥有海量的图书资源，还有比实体图书更丰富的电子资源；大学的大门是开放的，拥有了大学生这个身份，我们还可以到别的学校去听课、听讲座、参加活动；我们拥有志同道合的学长、学姐、同学，还有具备经验的海量校友。只要你敢放飞自我，就会拥有无比浩瀚的蓝天。

2. 规划大学生活

大学生活失去了父母和其他家人的陪伴，也失去了亲人的掌控，业余时间更多、更自由了，活动的空间更大了，自己拥有的独立权利也更多了。如何把控自己，度过有意义、有价值的日子，为将来的职业生涯奠定雄厚基础，是我们要考虑清楚的。上大学之前的十多年，我们为了一纸录取通知书奋斗过多少个日日夜夜，放弃了多少娱乐放松的时间，我们挺过来了，大学 4 年是不是该松口气了呢？答案是否定的，我们要用这 4 年的时间来换取将来几十年的幸福生活，不能让前面的辛苦化作泡影。因此，我们要好好地规划自己的大学生活。

（1）要养成良好的生活习惯，主要做好习惯的养成：良好的作息、健康饮食、锻炼身体、阳光心态、劳逸结合。

（2）要培养健康的兴趣，寻找自我内驱力，打开以往固有的思维局限，让自己接触更多的、健康的新鲜事物，培养自己多样化的兴趣视野，让自己成为兴趣广泛的高情商人才。

（3）要扩大交友圈，结识更多志同道合的朋友。当今信息社会，结交的朋友会带给我们不一样的生活感受，让我们更多地了解世界和周围的信息，通过朋友再扩大我们的朋友圈，就会让我们的生活圈层越来越丰富。当然，在结交朋友的时候要注意甄别，要结交能够促进自己成长发展的真心朋友，不要结交促成恶习形成的不良之友。

（4）要学会理财，合理消费。大学生作为行为主体，比在高中时有了更多的"财权"，可以自己协调自己的日常用度，由于个体行为的差异性，有的学生控制不住自己花钱的欲望，过度消费，甚至贷款消费，这是极端危险的，也会对将来的职业生涯造成不良影响。大学生有必要对自己的花费用度做好规划，避免大手大脚，同时还应利用大学的业余时间寻求"开源"渠道，自己为自己的生活买单。

3. 规划实习实践活动

大学生要为将来求职增添更多、更重的砝码，就必须接受实际工作的检验，在没有正式工作之前，可以通过实习实践机会认知社会，掌握职业技能技巧。

（1）通过社团活动提升自己的人际交流能力、语言表达能力、逻辑思维能力、临场应变能力、组织策划能力。大学生要根据自己的兴趣积极参加社团活动，在活动中增长才干、提升能力。但在选择社团的时候切忌贪多或者频繁更换社团，这些做法都不利于个体全面、科学地提升自己的社会活动水平。

（2）通过社会实践了解社会状态，掌握经济社会发展动向，了解社会需求。社会实践是非常切合大学生深入社会、锻炼自我、增长才干的活动，能够将理论和实践紧密地结合起来，让学生在实践的过程中，不断地增加敏锐的观察力、判断力、分析力，提升解决问题、克服困难的能力。

（3）通过实习实践提升自己的专业技能和水平。在实习实践阶段，大学生能够接触和认识真实的工作场景，承担真实的工作责任和压力，在完全参与的情况下了解自己今后的工作环境，体验职业要求对自己的考察、考核，这个过程能够增强学生对职业的认知，有的放矢地增强自己的核心竞争力和职业适应力，必须认真对待。

第三章 大学生求职择业准备

第一节 就业知识的准备

当今世界，各种知识浩如烟海，各门学科交叉渗透，科学技术的发展突飞猛进，一个人要想百事皆通，掌握各方面的知识是不可能的，这也不是现代职业岗位所需求的。现代职业欢迎的是这样的求职者：拥有较高的知识水平，并能根据社会的发展和所选职业的具体要求，将自己的知识科学地组合形成合理的结构。面临求职择业的大学毕业生以及在校学生，应该充分认识知识结构在选择职业和就业中的重要作用，根据社会的需要塑造自己，既要注意用丰富的知识充实自己，又要注意建立自己合理的知识结构，做好求职择业的知识准备。

机会总是降临在有准备的人身上。每个人在出生时可能才智会有所差异，但是人们与生俱来的斗志却是相同的，只是有的人愿意倾力付出，而有的人却吝于付出。因此，当我们在看到别人的成就时不要急于羡慕或嫉妒，反省一下自己的付出，问一问自己是否做好了充分的准备。成功的道路上荆棘遍地，能够战胜困难的唯有信心与坚韧。而对于大学毕业生来说，成功就业道路上的这份信心与坚韧，首先就来自充分的知识储备。

英国哲学家培根说："知识就是力量。"知识既是一种潜移默化的力量，也是打造灵魂的重要力量。作为大学生，必须要具有完备的知识结构。知识结构是指个人所拥有的知识体系的结构情况与结合方式，是一个整体的信息系统，它是由多种要素有序地组合形成的。大学生不仅要具有扎实的基础知识，还要具备精深的专业知识和广博的新知识储备。

一、扎实的基础知识

从目前许多大学的人才培养模式来看，大学生从进入校园开始即已分好系和专业，在这样的培养模式下，虽然大学生的专业化水平较高，但他们往往学到的是仅限于本专业的一些基础知识，毕业就业后通常表现出较差的适应性，这与我们高校教育所倡导的培养承担民族复兴大任的时代新人要求是不相符合的。高校教育最根本的一点就是要实现"以点带面"，不断扩大学生的基础知识面，只有这样，高校才能培养出符合新时代发展要求的人才。

基础知识是知识大树的躯干，是知识结构的根基。大学毕业生将来无论是选择何种职业，走上哪个岗位，都需要有扎实的基础知识来做保障。在当前，随着"互联网+"时代的到来，特别是在大数据的背景下，社会各行各业的结构调整必然会加快速度。因此，大学生在求职择业时的选择也必然会随着岗位的变动而随时变动。在这种情形之下，大学生想要能够适应随时变化的需求，必须要掌握扎实的基础知识，积极拓展自己的知识面，从而为毕业后的择业、就业创造更多的机会。

二、精深的专业知识

与基础知识相对，专业知识是知识结构的核心内容，也是科技人才知识结构的特色所在。一般来说，大学生所从事的是专业性比较强的工作，若没有专业特色，大学毕业生很难成为新时代社会发展所需要的人才。精深的专业知识，要求大学毕业生对自己所学专业及所从事的职业在知识和技术层面具有一定的深度和较高的质量。

随着科学技术的日新月异及产业结构的不断升级，现代各类职业对从业者的要求基本可以概括为：程度高、内容新、实用强。"程度高"是指知识量大、丰富、知识面广。"内容新"是指从业者的知识结构中应以反映当今科学技术发展状况的新知识、新信息为主。"实用强"是指从业者的知识在生产、工作中有很强的实用价值。除了对口的专业知识之外，如果大学毕业生在某一特定领域拥有专业所长，如书法、舞蹈、篮球等，也会间接增加成功就业的砝码。

三、广博的新知识储备

在中国特色社会主义进入新时代的这个关键时期，我们面临着新形势、新挑战、新任务。这就要求大学生与时俱进，不断更新自己的知识结构，广泛涉猎各种新知识。单纯依靠某领域的狭隘知识和陈旧知识，大学毕业生将很难适应工作发展的需求。当然，随着大数据时代的到来，网络为新知识的传播提供了便利的条件，大学毕业生可通过新媒体技术，不断了解最新、最广博的知识，以此来拓展自己的知识面，从而适应不断变化发展的社会需求。

四、大学生获取知识的途径

1. 阅读书籍

莎士比亚曾说过："书籍是全世界的营养品。"梦想是从学习开始的，而读书是学习的重要途径，良好的读书习惯是我们人生的财富。众所周知，现实中的诸多问题，我们都能从书籍中找到答案，所以，大学生要多读书、乐读书、会读书、读好书。

2. 学人之长

"三人行，必有我师。"大学生要善于发现他人的长处，从他人身上学习自己缺乏的东西。师者，传道授业解惑也，在这些人中，大学生要特别注意向老师学习。

3. 网络学习

随着"互联网+"及大数据时代的到来，网络在大学生的生活和学习中扮演的角色越来越重要，大学生要充分发掘网络的作用，通过网络信息手段不断获取知识。

4. 生活实践

实践也是大学生获取知识的重要途径，现实中的很多知识仅凭书本是无法获得的，大学生要勤于实践，将理论与现实的各项实践结合在一起，在实践中不断拓展自己的知识面。

新时代的大学生不仅应不断完善自身的知识结构，丰富各种基础知识，同时也要具备较深的专业知识功底。与此同时，还要不断学习和掌握最新的知识。如果知识面太窄，则难以适应工作的需要；缺乏本行业的专业知识，就无法处理具体的工作；缺少本行业的新知识，就会被时代发展所抛弃。因此，在学习过程中，应把这 3 个方面结合起来，努力成为复合型人才。

第二节　就业信息的准备

没有物质的世界是虚无的世界；没有能源的世界是死寂的世界；没有信息的世界是混乱的世界。信息如同人类生活所必需的空气，任何人都无法离开它。当今这个信息社会，谁能够掌握信息，谁就能够拥有更多的主动权。对大学毕业生来说也是如此，就业信息是求职择业的必备条件。大学毕业生应该提前做好充分的就业信息准备，并认真地分析、筛选、整理，最终做出符合自身实际的正确判断，为成功就业奠定基础。

一、就业信息

1. 就业信息的含义

就业信息是指用人单位通过各种途径发布的、求职择业者未知的、经过加工处理和认真筛选后对求职择业者具有一定的价值，以及客观存在的有关职业和岗位的信息。

2. 就业信息的特点

作为信息的一种形式，就业信息通常具有以下几个特征。

（1）真实性。当前，我们生活在一个信息大爆炸的社会中，每天、每时、每刻，我们都会接收到许多来自不同渠道的不同信息，由于传递方式、传播人员等不同，我们往往接收到的同一个信息的真实度也会有所差异。特别是在当前人才市场尚不健全的情况下，虚假信息的存在，往往会导致大学毕业生上当受骗，最终人财两空。因此，在毕业季这个特殊的时刻，大学毕业生必须要保持清醒冷静的头脑，谨慎对待、认真辨别各种就业信息的真实性，从而避免上当受骗。

（2）时效性。"机不可失，时不再来"，时效性是就业信息非常重要的一个特征。求职择业过程中，每一条信息都有明确的时间要求，即在一定的时限内是有效的，而超过了这个时限就失去了它的价值。从这一角度上来说，大学毕业生在求职择业过程中获取、整理和处理信息时，一定要注意信息的时效性，在有效的时限内做出正确的判断和选择，从而避免信息资源的浪费。

（3）准确性。用人单位所公布展示的就业信息必须要全面、准确，不能似是而非，含糊其词，否则会给求职者及自身带来诸多不必要的麻烦。当大学毕业生在求职择业过程中遇到模棱两可的信息时，不要急于做出选择，而是应该向用人单位咨询确定信息的内容，明确用人单位的要求及其他注意事项，以此来决定是否进行下一步的行动。

（4）针对性。由于用人单位性质、用人岗位需求的不同，在求职择业过程中，大学毕业生所面对的就业信息也各有不同。但是无论是哪一条就业信息，它都是针对特定的对象而言的，具有较强的针对性。因此，大学毕业生在就业过程中，要综合考虑自身的实际情况，选择对自身而言针对性较强的信息进行收集、整理和处理，避免盲目，从而减少不必要的人力、财力浪费。

（5）共享性。就业信息一经公开发布，就为人所共享。某一就业信息共享的人越多，反应者越多，竞争就越激烈。随着大学毕业生人数的逐年增加，就业信息的共享者越来越多，假设在就业信息总量不变的情况下，信息利用的竞争形势就会越来越严峻。因此，大学毕业生在得到就业信息后，首先，应迅速做出决断，对自己认为有价值的信息立即采取行动、做出反馈。其次，要针对信息，在自己的行为和相应的自荐材料中突出自己的特色和优势，使自己与众不同，才能在众多竞争者中脱颖而出，引起招聘者的注意。

二、就业信息的获取

1. 就业信息获取的原则

（1）真实性、准确性原则。"真"就是要做到信息准确无误。当你从各种渠道收集到大量需求信息后，要善于对比鉴别，去伪存真。"实"就是收集的信息要具体，如用人单位的地址、环境、生产规模、发展前景、产品方向、人员构成、生活待遇、联系人、联系电话、网址、电子信箱等方面。此外，还需要了解清楚用人单位需要的是什么学历、什么专业、什么素质的人才，在生源、性格、性别、相貌、外语水平等方面有无特殊要求等。

（2）针对性、适用性原则。首先，要明确收集信息的目的，有了明确的目的，信息收集才有方向和针对性；其次，就业信息纷繁芜杂，形形色色，并不是每一条信息都适合自己，因而，要求大学毕业生准确认识自身的专业、特长、能力、性格、气质等方面的因素，明确自己所需就业信息的范围，做到有的放矢，增强就业信息的适用性。

（3）系统性、连续性原则。将各种相关的、零碎的信息积累起来，然后加工、筛选，形成一个能客观、系统地反映当前的就业市场、就业政策、就业动向的就业信息链，为自己的信息分析和择业提供更可靠的依据。同时，保持信息的连续性，一些用人单位因搬迁等原因而导致原有的信息失真，但如果大学毕业生建立了连续的电子就业信息库，就可以根据原有的信息而重新发掘信息，输入信息库，这样，大学毕业生就可以在任何时候都享用就业信息。

（4）计划性、条理性原则。计划性是指根据事先拟订的计划收集不同类型的企业、事业单位的就业信息，并根据自己希望就业的地区，有重点地收集，避免大海捞针；同时，将收集来的就业信息进行归类，或以时间先后，或以地区不同，或以工资待遇等，做到就业信息具有条理性，以便方便、快捷地使用这些就业信息。

2. 就业信息获取的途径

大学毕业生获取就业信息的途径多种多样，概括来说主要包括个人渠道、校园渠道、社会渠道及其他渠道。

（1）个人渠道获取。

①充分利用各种社会关系获取。相当一部分大学毕业生通过自己的社会关系网络求职成功，这种社会关系主要包括家长、亲戚、朋友、老师、同学、校友等。家长和亲友是最关心大学毕业生就业情况的群体，而他们的社会关系往往也较为广泛，可利用的社会资源较为丰富，因此，这一群体是大学毕业生就业信息获取最有力的后盾。教师，特别是班主任或本专业的任课教师，通常情况下比别人更加了解毕业生的求职择业方向和优势，而且他们往往在社会交往、学术交流、兼职教学、指导学生实习实践等活动中与许多单位广泛接触，因而，这一群体是大学毕业生就业信息获取的最可靠保障。同学、校友也是大学毕业生求职择业信息

的可靠来源，因为校友，特别是同专业的校友多在对口单位工作，对所在单位的相关情况较为熟悉，大学毕业生通过他们可以获得许多具体、准确的信息，因而，大学毕业生不应该错过历届的同学会和校友会，同时要多与同学和校友保持良好的联系和交流。

②积极利用实习实践途径获取。"纸上得来终觉浅，绝知此事要躬行"，大学生在校期间参与校方组织或自己寻找的实习实践是实现理论与实践相结合的重要方法。大学毕业生所参与过的社会实践和毕业实习等活动，是他们与用人单位互相了解的良好途径。大学毕业生在参加社会实践和毕业实习时，应该尽量选择到意向就业岗位或目标职业单位，注意了解所在的企事业单位各方面的具体情况，并争取在实习和实践过程中有突出表现。倘若各方面表现非常突出，参加社会实践和毕业实习极有可能成为大学毕业生求职择业成功的难得机遇。

③主动利用上门考察机会获取。通常情况下，漫无目的地将个人简历随意寄送给用人单位，这种方法的求职成功率最低。但是，大学毕业生亲自叩响意向企业或单位的大门，通过直接上门考察的方式询问他们需要什么条件的员工、自己是否可以胜任，这种方法的成功率将会成倍提高。此外，倘若大学毕业生对某些单位感兴趣，也可以去寻找在该岗位工作或供职的亲朋、好友或同学，向他们了解该企业或单位的详细情况。

④善于利用商品广告或服务广告获取。商品广告是以介绍商品的名称、特征并进行销售说服等为主要内容的广告；服务广告是指广告主在对用户进行售前、售后服务过程中，对其进行的已有或者新推出的各种服务进行宣传。通过商品广告或服务广告，大学毕业生可以收集到某些用人单位的产品种类、大致销售范围等信息。值得注意的是，大学毕业生要关注该单位的特殊之处，或认为值得对外宣传的特点，以便将来在求职择业时使用，从而增加用人单位对自己的好感。

⑤利用其他途径获取。大学毕业生还可通过发函、电话咨询等方式咨询用人单位人事部门有无近期招聘信息，在发函时，可附上一张回函邮票，以表达自己的

求职诚心。除此之外，还可以充分利用其他各种有效的方式来获取求职择业信息。

（2）校园渠道获取。

大学毕业生通过校园渠道获取求职择业信息的方式，主要是依托各院校的就业指导中心或就业办公室等就业指导机构。高校毕业生就业指导机构的主要职责有以下几点：向国家、地方主管部门和各用人单位征集用人相关信息并加以整理、归纳和分析，组织各种各样形式的供需见面会、招聘会和双选会等，负责为毕业生提供就业指导和就业咨询服务，制定毕业生就业建议方案及处理毕业生求职择业过程中出现的一系列问题等。总体来说，高校就业指导机构是学校和社会相互交换求职择业信息的主要窗口，是大学毕业生和用人单位相互联结的重要纽带。

（3）社会渠道获取。

①通过政府人事相关部门获取。政府人事相关部门主要是指政府教育部主管部门与毕业生就业指导部门。全国毕业生的主管部门主要是教育部，为了适应新形势下就业制度改革的需要，每年教育部都要制定毕业生就业相关的方针和政策。与之相适应，各省、自治区、直辖市等的就业主管部门也要根据方针、政策制定各自的实施意见，并要定期开展各项信息交流和咨询服务活动。

②通过人才市场相关渠道获取。在各地人才市场和人才交流会上，大学毕业生可以通过与用人单位直接见面的方式获取许多信息，有的还可以当场拍板、签订协议，比较简捷有效，但总的来说成功率不高。同时，各高校、各地各部门还在大学毕业生就业的高峰期举办各种类型、各种层次的"双选"洽谈会。由于这些洽谈会是专门针对高校毕业生组织的，因此比人才市场定期组织的人才交流会针对性更强，大学毕业生和用人单位都有较强的目的性，获得成功的可能性比较大。

这些人才市场及就业洽谈会拥有大量的求职信息，这些信息主要包括：岗位空缺信息、职业供求分析及预测信息、最新的劳动就业政策法规、职业培训信息、其他就业市场信息。

③通过有关新闻媒介方式获取。报刊、广播、电视媒体等以其信誉度高、易

为大众所接受等特点，成为各类企事业单位或组织介绍企业现状、发展前景和人才需求的重要工具。同时，大学毕业生就业作为社会普遍关注的热点问题，近年来也引起了新闻界的普遍重视，媒体对有关就业政策、热门话题、讲座、招聘广告等的报道，教育部学生司和毕业生就业指导中心主办的《中国大学生就业》杂志以及各地人才市场报等，都是获取就业信息的渠道。从调查的情况来看，很多大学毕业生获取的就业信息都来自这些传统的新闻媒体，网上求职的特点是信息流量大、更新快、用人单位和求职者交流便捷迅速。网上人才交流毕竟代表着人才市场的未来和方向。作为求职者，上网求职势在必行。同时，无论是国外还是国内，越来越多的公司开始依靠因特网招聘并获得了成功。

（4）其他渠道获取。

除了上述介绍的几种信息获取渠道外，大学毕业生还可以通过其他途径获取信息。例如，向你认为适合的用人单位写自荐信或求职信，通过电话预约后，亲自登门拜访，这种"毛遂自荐"的方式不失为获取就业信息的途径之一。还可以采用通过中介机构获取就业信息的方式，或通过在媒体发布自己的求职信息，从而达到反向获取就业信息的方式。但这些方式盲目性大，准确性不高，因而命中率不高。不过在缺乏就业信息的情况下，也不失为一种办法。

三、就业信息的筛选

大学毕业生通过上述渠道所收集到的原始就业信息都比较杂乱，有相当一部分信息是没有用的，应根据自己的实际情况和需求，对信息去粗取精、去伪存真，有目的、有针对性地加以筛选处理，使获得的信息更具准确性、全面性和有效性，使之更好地为自己的求职服务。

1. 就业信息筛选的原则

（1）去伪存真。对信息要讲可信度和可行性。在筛选过程中，对信息要辨明真伪，去伪存真。要进行一番调查和了解，将确实可行、真实可信的信息列入择业计划中。

（2）重点选择。在得到的所有信息中，找出最满意、最理想、最符合自身条件的信息，把它放在择业日程的前列。其他信息同样按个人意愿与实际情况先后排序，择业时按轻重缓急进行。

（3）重点了解。对于个人认为是重点的信息，务求全方位了解，也可请别人做参谋，听听他人意见，切不可一知半解就匆忙行事。

（4）不耻下问。当你收集到一些需求信息后，为了弄清信息的可靠程度，应当通过各种办法，找有关人事部门进一步了解，以确定信息的可信程度。

（5）了解透彻。对于重要的信息要顺藤摸瓜，寻根究底，务求了解透彻，不能一知半解。要全面掌握情况，了解信息的中心内容。

（6）避免盲从。获取用人信息后，不能一味地盲从，认为亲友告诉你的信息一定可靠，报刊上传播的信息肯定没问题，绝不要未经筛选就轻率地做出选择，这样吃亏的只能是自己。

（7）适合自己。一切信息都要对照衡量一下，看是否适合自己。千万不要好高骛远地去挑选不适合自己的工作岗位。

2. 就业信息筛选的步骤

（1）鉴别获取的信息。由于所获取的信息不一定都全面、准确，因此要对信息进行细致的鉴别和判断，并加以筛选和剔除，使之更好地为自己的求职择业服务。鉴别信息时，首先，要确定信息的可靠程度，对于不可靠和心里感觉不踏实的信息要通过各种信息渠道和知情人士去打听。其次，要鉴别信息的内容是否齐全，特别是发现自己想要知道的细节没有或者不清楚时，要抓紧时间进行一番实际考察，旁敲侧击地询问一些情况，或通过其他渠道了解，还可以在应聘时向主聘人提出。总之，要等信息基本准确之后再做决定。

（2）按照自我标准，将信息排序。在信息加工之前，首先，给自己草拟一个职业选择提纲，确定择业标准。其次，按照标准进行初选，即去粗取精，去伪存真，然后进行细选，把较符合自己的信息选出来。最后，进行精选，决定两个以上的信息作为有用信息。对有用信息也要排序，有主次之分。

（3）反馈信息。将已排序的信息，按照从高到低的顺序反馈给用人单位，表达自己愿意去该单位的诚意。反馈信息可以确定一个，也可以是两个以上（在时间紧迫时这样做，但同时接到两个以上单位接收意见时，对打算不去的单位必须及时反馈意见，并表示歉意）。信息一旦反馈后，应多与用人单位联系，随时听候答复。

四、就业信息的使用

大学毕业生在了解求职信息的筛选原则和方法步骤后，还应尽快使用信息。这不仅因为求职信息的有效期限往往比较短，最长不过几个月，而且所有的信息对全国各高校的毕业生都是公开的。一旦你的动作慢了，别的毕业生往往就会捷足先登，用人单位招聘到足够的人数后就会关闭招聘入口，尤其在企业、事业单位定岗定员的今天。所以大学毕业生在使用信息时，既不要盲目，也不能拖延。

就业信息使用的原则如下。

（1）发挥优势和学以致用的原则。即处理就业信息时，要尽量做到发挥所长，学以致用，这样可以发挥优势，避免人才资源的浪费。

（2）面对现实，理论联系实际原则。在使用就业信息时，要事先对自己有一个全面的认识和正确的自我评价，无论个人的愿望如何美好，在实际操作时一定要面对现实。

（3）在政策范围内择业的原则。使用就业信息时，要把个人意愿和国家需要结合起来，并根据社会需要和自己的能力、愿望做出职业选择。

（4）辩证分析原则。即用辩证唯物主义方法论来分析信息，用历史的、发展的、变化的眼光研究、处理就业信息的实际利用价值。

（5）综合比较原则。即把所有的信息放在一起，从各方面比较各自的利弊和优劣，寻找符合自己条件的企业。

（6）善于开拓原则。即对那些有潜在价值的信息进行深入的思考，加以引证，充分利用。正如人们常说的那样，信息的价值会用则有，不会用则无。

（7）早做抉择原则。信息有很强的时效性，及时用之是财富，过期不用等于无。因为较好的职位总会吸引许多求职择业者，而录用指标是有限的。如果延迟抉择，不及时反馈信息，往往会痛失良机。

第三节　求职材料的准备

一、求职材料的构成和作用

大学毕业生在求职过程的初期阶段，应做好以下事项：

（1）投递求职材料，主要是临场书写和投递求职信与个人简历。

（2）了解招聘相关情况和企业选择参加面试学生名单的截止期（一般在一星期内）。

（3）在截止期前选择合适的时间，采用电话联系方式了解自己的情况，加深用人单位对自己的印象。

（4）一旦被选择参加面试，做好面试准备。

大学毕业生获得用人单位面试机会的最主要渠道就是要靠求职材料去"推销"自己，如何从众多的应聘者中脱颖而出，获得用人单位的青睐，求职材料是极其关键的。一套较为完整的求职材料应包含7个部分：求职信、个人简历、《毕业生就业推荐表》、学习成绩单、相关证书、实践环节的相关材料、有关科研成果证明及在学术期刊发表的论文。

二、基本材料

大学毕业生在求职择业时，许多用人单位在初次审核时往往会要求提供基本的信息材料，以便其核查是否符合应聘的基本条件。当然，不同的用人单位根据其性质和招聘条件的不同，所需要的基本信息材料也会各不相同。一般来说，大学毕业生在就业时，需要准备的基本材料主要包括个人身份证、学历学位证书、大学成绩单、学籍证明、在校生证明、荣誉奖励证书、实习实践证明、研究成果证明、学校毕业生就业推荐表等。

通常情况下，大学毕业生在参加招聘会或进行面试前的资格审核时，用人单位会要求出具以上各项材料的原件，但是，为了安全及能够随时为用人单位留下充足的考察材料，应同时准备相关材料的复印件一份。

三、求职信

求职者应聘时常常会碰到这样的问题：求职信投出去后得不到回音。没有回音，就没有面试机会；没有面试机会，就没有被招聘单位录用的可能。出现这种现象的原因有很多，但往往与求职者对求职信格式、内容和一些细节缺乏了解有一定的关系。所以，求职者必须认真写好求职信。

求职信又称自荐信，是求职者向用人单位或者有关领导推荐和介绍自己的正式书面材料。它是一种介绍性、自我推荐的信件。尽管一封求职信并不一定能保证你得到理想的工作，但它能够使你引起对方重视而获得面试机会。一封好的求职信可以向阅读者展示你的才干。因此，求职信又被称为开启用人单位面试之门的"金钥匙"，是大学毕业生实现顺利就业的"敲门砖"。

1. 撰写求职信的原则

由于求职信（即个人简历说明信或附函）一般都放在个人简历的前面，因而用人单位对求职者的第一印象往往是从求职信中获得的。求职信不仅可以使招聘单位进一步感受到求职者的性格和诚意，而且可能增加获得面试的机会。撰写求职信应遵循以下原则：

（1）采用"点对点"的表述方式，即求职信要具体针对某家招聘单位的某个招聘职位。对不同的雇主和行业，求职信应量体裁衣。

（2）在求职信中多提你能为未来的雇主做些什么，而少提他们要为你做什么。

（3）内容要紧紧围绕"我符合要求""我定能胜任""我有诚意应聘"这些中心，不要写没有实力的空话。不要对你的求职经历或人生状况说任何消极的话。

（4）语言精练，直奔主题，措辞不要烦琐，尽量职业化。

（5）对求职信要仔细检查，避免出现任何错误。

（6）在一页纸内写完，不要超过一页，除非你的未来雇主向你索要进一步的信息。

（7）在你发信之前先给其他人看一下。

（8）所有发信要注意存档，以便进行下一步行动。

2. 求职信的内容要点

求职信属于书信的一种，要符合书信的一般要求，但也有它的独特之处。求职信一般包括标题、称呼、正文、结束语和落款。按照求职信的格式顺序，内容要点依次为：

（1）准确称呼招聘单位名称。这可以立刻拉近你与招聘单位的距离，使招聘单位感受到你的诚意。如果你用"尊敬的招聘单位"或"贵公司人力资源负责人"等说法，这使招聘单位感觉不到应有的"热度"，因为这种说法缺乏针对性，对哪家公司都适用。称呼一般使用尊称，避免随意。

（2）说出自己的姓名。当然一开始就要自报姓名，避免让看信的人总在想你到底是谁。

（3）说明自己获取招聘信息的渠道。比如，在求职信中说明"我在×月×日的《××报·求职广场》上看到贵公司刊登的招聘广告……"，或者"我在××人才网站上看到贵公司刊登的招聘广告……"，等等。

（4）说明自己要应聘的具体职位。这样有利于让招聘单位有的放矢地关注你的情况是否适合那个职位。

（5）陈述自己的大致情况。显然这是不可缺少的，但也无须太过啰唆。

（6）明示自己对应聘的职位有能力、有兴趣、有信心胜任。若要别人肯定你，首先要自己肯定自己，而且是丝毫不加掩饰地明确肯定你自己。

（7）恰当地赞美招聘单位。最好能根据一些具体情况来进行赞美，如了解的情况太少，可以说："我认为贵公司十分重视人才……"

（8）诚恳表明希望获得面试的机会。写求职信的唯一目的就是为了获得面试的机会，主动说出要求获得面试的机会，总比不说要好。

（9）把你求职的迫切心情表达出来。可在信中表明"真诚希望能为贵公司效力……"，以体现自己想为该公司服务的强烈愿望，并提出希望招聘单位尽快答复你。

（10）留下你本人的通信地址、联系电话、电子信箱等联系信息。这是为了能让招聘单位通知到你，否则，你的求职信就等于是白投了。

（11）要落款。一是署名，在信纸的右下方直接签上自己的名字；二是写明日期，一般要写在署名的右下方，要用阿拉伯数字书写，年、月、日都要写全。

（12）要贴上你的照片。照片切忌过于生活化。一张小小的照片会使你的求职信引人注目。每份投出去的简历都要贴上自己的照片。无论招聘单位是否有明确要求，都要主动提供自己的照片，这不仅体现了你的诚意，也使招聘单位更有可能对你的应聘资料产生兴趣，进而有耐心浏览你应聘资料上的内容。

（13）要在求职信后面附上你的身份证、毕业证、专业技术等级证书、职业资格证书、代表你最高荣誉的获奖证书等相关证件的复印件。所有这些资料都要统一使用白色 A4 复印纸，突出你的职场特征。一定要避免把不同纸型、不同纸质、不同颜色的纸张混杂在一起。否则，会让人感觉"档次"不高。

（14）要注意的是，以上所有内容必须在一页纸内写完！要确保主要内容和重要内容（如姓名、照片、联系办法、大致的学习经历和工作经历、应聘岗位等）集中在同一页面，避免这些内容在传递过程中"分家"，而且要努力使这些内容更加直观，必要时可把其他内容作为附件放在其他页面。

3. 求职信的格式

求职信是毕业生向用人单位进行自荐的材料。求职信的重点应该在于"荐"。在构思上一定要围绕"为什么荐""凭什么荐""怎么荐"的思路安排，其格式一般分为标题、称呼、正文、结尾、落款及附件 6 大部分。

（1）标题。标题是求职信的标志，要求醒目、简洁、优雅。要用较大的字体在用纸中间正上方写明"求职信"3 个字，显得大方、美观。

（2）称呼。求职信一般是写给用人单位人事部门的，所以对其称呼往往比一般书信的称呼正规一些，因此，需要在称呼问题上多下功夫。一般来说，称呼的书写原则为"不可阿谀逢迎，一脸谄媚；不可直呼其名，不懂礼数；不可混淆性别，自以为是；不可粗心大意，写错姓名；更忌张冠李戴"。当然，根据情况，在实际书写时也应区别对待：如果写给国家机关、事业单位的人事处领导，用"尊敬的××处长（科长等）"称呼；如果求职"三资"企业，则用"尊敬的××董事长（总经理）"；如果是写给其他类企业领导的，则可以称之为"尊敬的××厂长（或经理）"；如果写给大学校长或人事处的求职信，则称之为"尊敬的××教授（或校长、老师等）"。不要使用"××老前辈""××师傅"等不正规的称呼。当然，有些求职信也可以不写名姓，如"尊敬的负责同志""尊敬的董事长先生"等。

（3）正文。正文是求职信的中心部分，正文的书写在形式上没有明确固定的要求，风格可以多样。一份能够真正打动用人单位的求职信，需要求职者在措辞和行文风格上反反复复地揣度和修改，最好能够体现自身的个性特点。

求职信的正文内容主要包括以下 3 个方面：

①简单自我介绍。旨在说明本人基本情况和求职信息的来源。本部分不必过长，只需用一两句来说明自己的学校、学历、专业及获取信息的渠道即可，简明扼要，一目了然。

举例如下。

×××公司人力资源部××科长：

　　您好。

　　本人是×××学校 2019 届××专业毕业生，我通过学校就业网站公布的招聘信息获悉，贵公司正在招聘××人员，故前来应聘该职位。

②说明求职原因。主要是说明对用人单位或用人职位感兴趣的原因，以及有价值的背景情况和满足招聘要求条件的说明。这一部分是正文的核心部分，中心思想旨在说明"我是该职位最合适的人选"，所以，这部分内容一定要有说服力。当然，这部分内容与个人简历是相辅相成的，既要说明你的个人能力，又不能把简历内容全部写进去，只选择最能代表自己的长处、能力和业绩的项目，要特别注意不要单纯写自己的长处和技能，而是要着重说明这些长处和技能能给该公司带来什么益处。

举例如下。

　　在校期间，我学到了许多专业知识，如国际贸易、国际贸易实务、国际商务谈判、国际贸易法、外经贸英语等课程。求学期间，我还在×××外贸公司业余兼职，从事市场助理工作。本人具备一定的管理和策划能力，熟悉各种办公软件的操作，英语熟练，略懂日语。我深信可以胜任贵公司经理助理之职。

③介绍自己的发展潜力。写求职信时，不但要向招聘者说明你的现在，也要说明你的未来，说明你有培养价值，可塑造，有发展潜力，这部分内容的撰写应注意扬长避短。例如，介绍自己曾担任过何种社会工作及取得的成绩，即表示自己有管理方面的能力，有发展、培养的前途。再如，在谋求会计工作时，介绍自己能使用和操作算盘和计算机，就表示将来可以承担办公自动化的重任。又如，向宣传部门或公关部门推荐自己有文艺、绘画、摄影或书法等特长，即暗示自己能承担各种宣传任务。在这方面，如果将计算机操作和珠算操作比赛得奖证书，或者将绘画、摄影、书法等得奖作品（复印件）作为求职信附件呈送给对方，那效果之佳不言而喻。

（4）结尾。一般的结尾包括两方面的内容：盼回复和祝福词。在盼回复方面，要写出你对招聘单位的希望，委婉地提出面试的要求，因此在这一段里最好向招聘者说明"何时""何地""怎样"与你联系，当然联系办法越简单越好。在祝福词方面，出于礼貌，在结尾处可写上祝愿的话，如"即颂""敬颂"等，也可用"此致（缩进两格），敬礼（顶格写）"，注意这些祝颂语之后都不加标点符号。

举例如下。

如您能在百忙之中抽时间回复我，给我机会，我将不胜荣幸，若需要联系请打电话×××，再次感谢您阅读我的自荐材料。

此致

敬礼

（5）落款。求职信的落款一般包括署名和日期。署名写在求职信的右下方。可在署名后面写上"敬上""谨上"等，并尽量亲笔签名。日期写在署名下面偏右的地方，要注意的是日期不能缩写，否则极不礼貌。举例如下。

　　　　如您能在百忙之中抽时间回复我，给我机会，我将不胜荣幸。

　　　　此致

　敬礼

　　　　　　　　　　　　　　　　　　　　　　　　　×　×

　　　　　　　　　　　　　　　　　　　　　×　×　×　×年×月×日

（6）附件。在送出求职信的时候，一般都会或多或少地附上自己的其他求职材料，如个人简历、近期照片、获奖证明和身份证复印件等，无论附件多少，最好都在求职信的左下方一一注明。这样做的好处，一是方便用人单位查询和审核，二是给对方留下一个有条不紊、办事周到的良好印象。

4. 求职信的撰写要求

（1）充满自信。提前构思自我推销的计划，深思熟虑，做好充分准备后再着手编写。不论是报纸上的招聘广告，还是亲朋好友的介绍和推荐，消息不分来源，都应说明自己的立场，以便给收信者留下深刻的印象。

（2）成熟务实。求职信主体部分的语言、语气要成熟而务实，切忌言过其实、夸大其词。在求职这场激烈而残酷的竞争中，最为关键、重要的就是求职者的实力。因此，求职信的撰写不必过分谦虚，妄自菲薄，像"才疏学浅""一无所长"等平时常用的谦辞尽量不用。当然，也不能过分吹嘘，更不能弄虚作假，甚至通过贬低他人来抬高自己。

（3）条理清晰。构思并甄选与对方的沟通之处以后，应选择最为恰当的言辞语调有条理地表达自己。切忌使用夸大或隐讳的字词、拖泥带水的句子，务必做到言简意赅，全面而充分地表达自己。

（4）反复推敲。对于构思好的求职信，应该先打好草稿，列出内容提纲，构建内容框架，把提前构思好的想法、具体的内容和相关的信息列出先后次序，并通过布置、排版等手段巧妙地将它们串联起来，经过反复修改、推敲过程并形成求职信后才能邮寄。只有经过反复琢磨、精心编排的求职信，才能引起招聘者的注意，达到推销自己的目的。

（5）内容简明扼要。求职信的写作风格应该语言简洁明快，句子简短有力，而不必辞藻华丽，注重文采。求职信应该短小精悍，手写求职信的篇幅以一页半稿纸最为理想。

四、个人简历

个人简历是求职的重要材料之一。要成功就业，首先应该认真、正确、完整地撰写个人简历。个人简历的内容主要是介绍自己的基本情况，如学习、生活、工作经历、个人成就和特长等，其最主要的目的就是让用人单位在最短的时间内获取求职者最多的信息，并且是最"有力"的信息。个人简历很少单独寄出，它总是作为求职信和学校就业推荐表的附件，呈送给用人单位。个人简历是推销自己的广告，应抱着积极的态度，精心设计出一份真正符合自己水平与风格的简历，勇敢地把自己的才能、特长显示出来，引起别人进一步了解的欲望，争取得到面试的机会。

1. 简历制作前的准备

大学毕业生制作简历前一定要花点时间了解自己，找出自己的优势及弱点，确定自己的职业方向。然后要选择目标企业及职位，了解目标企业及职位需求情况，了解市场行情。切忌不考虑自身特点，不考察企业情况，盲目模仿他人的简历和择业目标。你的目的是以清晰的语言向用人单位介绍自己，因此，要充分了解应聘单位的工作要求，同时对个人才能要有充分的自信。在撰写简历之前必须做一些充分的准备。

（1）全面剖析自我。如果你在做职业生涯规划的时候已经对自己进行了彻底的分析，那么，在此处你就能很轻松地知道自己的优势和劣势，自己对未来的打算等内容，对简历的制作就会有很大的帮助。如果你还没有自我分析，那么就认认真真地进行一次吧。主要可以问自己以下的几个问题：

①什么是你在乎、想要的？这是在求职之前要考虑好的事情。你在刚就业的几年内最在乎什么？是增加工作经验？是赚足够多的钱？还是提高自己的能力？

②什么是你最不能忍受的？了解这一点能够帮助自己更明确地进行职业定位。你最不喜欢的工作方式是什么？是受限制太大？还是加班？

③你的优点和缺点分别是什么？对你的职业发展会有什么影响？

④什么经历是你最得意的？这对你今后的发展有什么作用？

⑤什么经历是你最失败的？你是如何处理及改进的？

（2）正确分析用人单位。你对所应聘职位和企业的了解，很大程度上决定了你的"中彩"概率。但是很多求职者都忽视了需要了解应聘企业的情况。也许他们觉得自己是要在一个具体部门工作而不是在整个企业工作，因此，他们需要集中精力于具体工作，没有必要了解更多关于公司的情况。他们为了尽快完成简历而努力研究自身情况，这恰恰是他们的简历缺乏亲和力的原因。成功的推销员推销产品的时候，从来不会只说产品本身的优点，而是说明产品是如何适合购买者。在人才市场上推销自己，同样需要了解需求，这是非常重要的一点。了解未来雇主的兴趣与问题，会使你在撰写简历时充分考虑未来雇主的兴趣与问题，真正做到在求职简历中与之交谈。具体问题主要有以下几个方面。

①该职位需要做哪些具体工作？

②该职位必须具备什么样的条件和能力？

③这家企业有什么样的企业文化特点？

④它们的产品是什么？市场形象和定位又是什么？

提前了解应聘企业与应聘职位的信息，能够帮助自己更好地撰写简历，并且能够让自己的简历更吸引招聘企业的眼球，从而获得面试机会。

（3）准备好求职证件照。招聘方通过求职证件照获得对你的第一印象。求职证件照主要是应对求职，而不是为了参加选秀比赛。每个人都可以照出最具职业感的照片。求职证件照可以从以下几个方面来准备。

①正面或者前侧面、免冠、半身照。人像在相片矩形框内水平居中，头部占照片尺寸的 2/3，头顶发际距离照片的上边缘 7~21 像素（不要贴着上边框，甚至把头发截掉部分），照片下边框一段取在胸部以上至肩部以下的位置。

②发型。发型的基本原则是不要挡住五官，头发干净整洁，耳朵尽量露出来。

女士的长发最好盘起来，披散和扎马尾都不是理想的发型，刘海不宜过长，不要挡住眼睛，不要在脸周围留较多的头发，可以适当用腮红、眼影来修饰脸型。

男士的头发前不过眉毛，侧不过耳，后不及领。

③妆容。女士为了使自己看起来比较精神，可以化个淡妆，但不要化烟熏妆或者浓妆，不要选用过分鲜艳的颜色，假睫毛、双眼皮贴等都会起到过分修饰的作用，如果化妆技术不佳容易适得其反。

男士应保持干净的脸庞，如果有痘印，可做适当的修饰。

④眼镜和饰品。平时戴眼镜的同学，拍摄求职证件照的时候最好也要佩戴，若要避免造成反光，也可以佩戴眼镜框。如果平时戴隐形眼镜，不要使用彩色的，更不要出现两只眼睛不同颜色的情况。

女生可以戴耳钉，但两只耳朵要戴相同的耳钉。饰品不能太过夸张，颜色不能过于鲜艳或者太过耀眼。

⑤正装。女士穿正装套装或者单穿比较正式的衬衫。对于男士来说，衬衣、西装、领带的组合最显正式。

⑥表情。表情应尽量自然，面带微笑。微笑不仅要表现在你的嘴角上扬，微微露齿，还表现在眼睛里，配合上扬的嘴角，眼神也要保持愉悦的感觉。

⑦背景色。求职证件照的背景一般选择蓝色、红色或白色。

在求职证件照的选取上，大学毕业生一定要注意很久以前的照片、学生证上的照片、大头贴、手机拍摄的自拍照、旅游风景照、艺术照等都不能作为求职证件照，否则会给人留下不好的印象。

（4）选择合适的简历模板。

①形式与内容要完整。内容上的完整是指重要的信息要全部包含在简历里面。形式上的完整是指不能出现错别字、打印错误等。

②个人状况要简洁明了。个人基本信息中写明自己的联系方式，力求简洁。

③教育背景要与求职岗位对应。

④工作经验要详略得当。只需写与应聘的职位有关的就可以了，没有必要把自己所有做过的事都写在简历上。

⑤其他专长要真材实料。简历要实事求是，一定要符合实际情况。撰写与制作简历的出发点是尽可能地引起用人单位的注意。如果你的简历没有引起招聘单位的注意，那么你的这次应聘就是失败的。实际上，招聘单位希望求职者的简历或求职信能提供足够的信息使他们能给予其面试机会，对其做更进一步的了解。如果求职者了解到这一点，并能提供出用人单位最关注的相关信息，那么，就能引起招聘者的充分注意。

2. 个人简历的内容

一份好的简历要做到形式与内容的统一，既要制作精美，又要内容充实，关键是看求职简历内容是否有内涵，是否能吸引招聘者的注意，让人觉得你正是其需要的人才。一般来讲，个人简历的内容都应该包括标题、个人基本情况、求职意向、教育背景、学习经历、实践经历、获奖及成绩情况、职业技能、个人特长及性格评价、联系方式与备注、照片等基本要素。

（1）标题。一般为"简历""个人简历"或"求职简历"。

（2）个人基本情况。个人基本情况集中反映了个人的资料，通常包括姓名、年龄（出生年月）、性别、籍贯、民族、最高学历、政治面貌、毕业学校、专业、身体情况、兴趣、特长、联系方式等。一般来说，个人基本情况的介绍越详细越好，但也不要盲目堆砌，而要有条理地罗列，一项内容用一两个关键词简明扼要地概括说明即可。

（3）求职意向。求职意向就是求职者所愿意从事的职业，表明了大学毕业生想要从事的工作。最直接的表述求职意向的方式就是写出职位的名称。这部分内容要简短清晰，尽量使自己的求职愿望与应聘的职位相符合，写出自己的真实想法。在这里需要说明的是，每份简历都是根据你所申请的职位来设计的，突出你在这方面的特长，不能把自己说成是个全才，任何职位都适合。

（4）教育背景。主要是个人从高中阶段至就业前所获最高学历阶段之间的经历，从哪一年到哪一年在哪所大学什么专业就读，应该前后年月相接，将最近的学习经历写在最上面，接下来依此类推，教育背景一般情况下从高中阶段写起即可。

（5）学习经历。主要列出大学阶段的主修、辅修与选修课科目及成绩，尤其是要体现与你所谋求的职位有关的教育科目、专业知识。不必面面俱到，要突出重点，有针对性，使你的学历、知识结构等让用人单位感到与其招聘条件相吻合。

（6）实践经历。除个人能力外，工作经历成为越来越多招聘单位的关注点。由于大部分在校学生都缺乏社会工作经历，因此，他们在学校所承担的社会工作、职务，组织或参加活动的情况、假期社会实践活动、实习或兼职工作的经历就代替了工作经历，成为反映爱好、组织能力、领导能力以及团队协作精神的重要内容。实践经历的表述应该突出重点，切忌冗长烦琐，强调在此过程中收获的经验、取得的资质及获得的成绩。实践经历的表述应该尽量使用生动活泼的语言，以体现求职者积极向上、充满活力的精神面貌。

（7）获奖及成绩情况。这方面内容可以显示专业或其他特长的优势，主要包括三好学生、优秀团员、优秀学生干部及奖学金获得等情况以及参加数学建模、机器人比赛、电子设计、航模比赛、校内外文体活动获奖情况等。

（8）职业技能。这部分内容主要包括外语水平和计算机操作能力、相关专业的考级证书等。在当今科技高速持续发展、商业竞争日益激烈、商业经济环境十分复杂的情况下，外语听说水平和计算机的操作能力越来越被用人单位所重视。外语作为一种交流工具、计算机作为一种操作技能已逐渐成为应聘人才必备的素质。因此，相应的资质、等级证书以及与应聘职位相关的职业技能资质和等级证书都应包含在个人简历之中。

（9）个人特长及性格评价。这种介绍要恰如其分，尽可能地使你的专长、兴趣、性格与你所谋求的职业特点、要求相吻合，必要时可以注明自己"勤奋肯干""吃苦耐劳""有责任心"等，让用人单位感受到你的诚恳。事实上，"本人的学习经历""本人的实践、工作经历"同样印证了个人的能力、性格，因此前后一定要相互照应。

（10）联系方式与备注。同上面所要突出的内容一样，一定要清楚地表明怎样才能找到你，例如，区号、电话号码、E-mail 地址。有的毕业生喜欢频繁地变换手机、E-mail，在用人单位需要和你联系的关键时候，往往无法迅速找到你，用人单位感到困惑的同时，恐怕最遗憾的应该是你自己。

（11）照片。关于简历上是否贴照片，应根据所面临的情况决定。简历中的照片一般应该用免冠半身正面一寸照，照片的要求可参照前面简历准备中的要求。

3. 简历的制作要求

（1）简明扼要。招聘人员每天要面对大量的求职信，一般在粗略地进行第一次阅读和筛选时，每份简历所用时间不超过一分钟，如果写得很长，阅读者缺乏耐心，难免漏看部分内容，这对求职者很不利。一份简历不可能描述你的全部，用人单位也不可能通过简历掌握你的整体情况，只能大致了解你，从而挑选出参加面试的人员。因此，简历应尽量短小精干，在文字上要"简"，但在内容上一定要"精"，语言要简洁明快，避免冗长啰唆。要使招聘人员在短时间内看完，并留下深刻的印象。要求尽量在一页纸内完成。

（2）重点突出。求职者应目标明确，清楚地表达自己喜欢什么工作。简历内容要突出重点，突出自己的优势和特长，那些与求职目标有关的情况要详细地介绍，在列举个人经历、获奖情况和证书时，一定要把与应聘职位相关的情况放在醒目的位置，其他无关紧要的情况可以简单略过，所写重点一定要与用人单位的需要相符。

（3）条理清楚。简历并不过分强调有"文采"，但一定要表述清楚、逻辑严密、层次清晰，便于阅读和理解，避免把所有信息杂糅在一起，让人理不出头绪。要使招聘者能够一目了然，而且最好使他看到文字介绍便能产生联想。

（4）版面美观。简历的关键在于能否给人留下深刻的印象。一份好的简历，除了内容方面的要求之外，版面设计也是一个非常重要的因素。因此，必须对简历进行必要的加工，精心编排、设计和打印，力求整洁、美观，让招聘者能感知你的个人形象和魅力，使你在众多投简历者中脱颖而出。

（5）真实可信。简历最重要、最基本的要求是客观真实。简历从头到尾要贯穿一个原则，就是实事求是地描绘自己、展示自己，给人感觉具有可信度。当然，对自己的优势说够、说透，对缺点讲得隐约含蓄，适度掩饰也是允许的。

①个人简历不能弄虚作假、编造事实、抬高身价。要知道争取面试的机会并非最终目的，最终目的是要获得工作。如果一时造假而被对方识破，既会丢掉工作机会，又会失去人格。即使当时蒙混过关获得了工作，但当用人单位查阅了档案后也会有被退回学校的可能。

②在写个人简历的时候应特别注意：不能遗漏某一段经历造成履历不连贯；不能在工作业绩上弄虚作假；简历不要过分渲染，这样会使别人对你产生反感情绪。因此，与其费尽心机，不如老老实实，只要有真才实学总会有属于自己的机会。

（6）自己动手。有个别大学毕业生缺乏自信，认为请从事就业指导工作的专业人员替自己写的简历才是好的简历。其实，专业人员写的简历共性多而个性不足，而简历能打动人的地方恰恰在于个性。若简历不是你亲笔所写，有些内容或措辞不熟悉，招聘者问简历中有关的问题时就可能会造成你失误，导致面试失败。

①个人简历写好后，可以请有经验的老师、同学加以修改并帮助提出意见。

②个人简历应做到篇幅合理、布局得体、结构清楚、逻辑性强、行文流畅，简历中的表述既不可自负，又不可过分谦虚，求职的目的也应清楚地写出来。简历最好打印，可以复印使用。

③应当为你的简历精心选择一张免冠或全身照片，要清晰、柔和、亲切、不失真。总之，由于每个人生活、工作经历的不同，个人简历的内容也会有很大的变化，各有取舍，目的就是要更多地表露自己的优势，少暴露自己的缺点，更大程度地吸引用人单位决策者的注意，获得一份满意的工作。

4. 简历投放的注意事项

了解简历内容之后，花费心思设计一份简历，这些还都只是前期的准备工作，简历投放才是重中之重。适当投放，能够使简历充分地发挥作用，更有效率地获取面试和就业的机会。对应聘者而言，没有最好的工作，只有最适合的工作。所谓最适合的工作其实就是个人的素质、能力与市场需求的最佳匹配点。

对于具体的投放策略，从主观上来讲，要清醒地认识自己，客观地评价自己，全面地分析自己的优势与劣势，在自己的兴趣、爱好与特长的基础上选择职业，"兴趣是最好的老师"这句话充分地说明了择业过程中结合个人特点、发挥主观能动性的重要作用。从客观角度分析，职业的市场需求状况及行业发展前景与趋势都是应该予以考虑的重要方面。

随着高等教育"大众化"时代的到来，"精英教育"时代的结束，大学生从"稀缺"走向"普遍"，高校毕业生必然从"精英化就业"走向"大众化就业"。随着我国社会经济的发展以及社会职业流动群体的变化，社会对从业者的要求越来越高，大批接受过高等教育的人成为社会经济建设中的普通劳动者，大学毕业生应对此有心理准备和认识。

第四章　大学生就业的心理准备

　　面对就业，大学生的心理是复杂多变的。通过几年的大学生活，大学生在知识、能力与人格方面都有了积极的显著发展，有强烈的就业意愿和积极的就业动机，为能尽快实现自己的人生价值而感到由衷的欢欣；而就业岗位和就业方式的多样化也为大学生就业提供了更多的机遇和更大的自由度，许多大学生准备在所学专业或领域发挥自己的价值。但是在就业过程中，大学生难免出现种种心理矛盾、心理误区和心理障碍。那么对于这些心理障碍问题，大学生又该如何面对呢？

第一节　大学生就业心理准备概述

　　高校毕业生择业或就业除了必须做好一定的知识、能力准备外，还应充分做好就业的心理准备，调整并保持良好的心态。这是因为就业是大学生人生道路上的一次重大抉择，期间将会遇到种种复杂的矛盾和困惑。良好的心理素质、充分的心理准备和必要的心理调适，对于帮助大学生正确认识和处理求职就业过程中遇到的种种问题，克服心理障碍并获得成功是十分必要的。

　　所谓就业心理准备，就是大学毕业生面对就业时，对可能出现的各种情况所做的估计和评价，以及为解决这些问题而建立某种思想观念和强化某些心理品质的心理活动过程。大学生就业面临着日益激烈的竞争，要直面竞争，抓住机遇、应对挑战，就必须培养和树立良好的就业心理，做好就业应有的心理准备。

那么，大学生就业应做好哪些心理准备呢？

一、大学生就业心理准备的内涵

就业心理准备是大学生就业前的一种发自内心的职业训练活动。这种心理活动一般从学习专业课时就开始了，通过对专业课的学习，大学生从所学专业的内容、服务对象等方面，逐步了解并认识到自己今后所要从事的职业性质、职业特征，并逐渐树立起牢固的专业思想和专业心理，把学习的焦点集中在有关的专业课上，为今后的就业做好准备。这个努力过程就是大学生就业前的心理准备过程。有了这个过程，大学生才能增强自身在就业时的竞争实力。

大学生就业前的心理准备过程包括两个方面：一是大学毕业生要有正确的政治方向和为事业献身的精神。必须具有强烈的吃苦精神，具有较高的政策水平、业务水平和文化素养。把祖国的需要作为自己的第一选择，到基层去，到祖国最需要的地方去。二是大学毕业生要有良好的思想品德素质。要具有诚实、谦虚的良好品质，在是非功过面前实事求是，不弄虚作假，谦和待人。要具有强烈的事业心、高度的责任感和艰苦朴素、廉洁奉公的工作作风。

二、大学生就业前的几种心理准备

（一）角色转换的心理准备

对大多数大学生来说，大学期间过的是一种单纯而又有保障的生活，学习、生活和交际都很有规律，在这样清静的环境里，很容易萌发出一些浪漫的情调和美好的理想，但是这样的生活环境与现实社会还存在一些距离。因此，对于即将毕业的大学生而言，踏上社会之前，最重要的就业心理准备就是要真正转变角色。

也就是说，要由一个被称为"天之骄子"的大学生，转变为一个现实的社会求职者，抛开以前的幻想和浪漫，切实认识到所处的真实地位和"严酷"的社会现实，实事求是地面对就业这个现实。要想正确地选择职业，就必须转变角色，真正摆正自己的位置，客观、冷静地进入求职状态，认识社会，了解社会。以自身的实力和优势，积极主动地适应当前社会的需要，在选择社会职业的同时，也接受社会的选择，正确地迈出人生关键的一步。

（二）职业理想与择业现实具有差异的心理准备

职业是维持个人、家庭生存和发展的手段，是获得个性发展、实现自我价值的途径，同时也是个人社会地位的象征。大学生在未步入职业生涯之前，就已经有了初步的职业意识和职业道德，开始形成并发展自己的职业理想。很多大学毕业生将自己的职业理想设定得极为完美。然而，社会现实并非如此，当下的就业形势严峻，大学毕业生与岗位之间是供过于求的关系，择业尚且困难，更何况是选择自己的理想职业呢？

因此，在现实择业过程中，大学毕业生要有足够的心理准备面对职业理想与择业现实有落差的矛盾，并且能够根据择业现实不断地调整自己的职业理想。只有适应社会生活的现实需要，才能找到适合自己的位置。

（三）艰苦奋斗，面向基层的心理准备

根据国家的就业政策可以看出，国家鼓励越来越多的大学毕业生前往基层就业。因为，目前的就业态势是大城市、大企业、大机关对大学毕业生的需求和吸纳量大幅度下降，有的已饱和；而一些国防科技企业、国家重点建设单位、边远地区、艰苦行业和中小城镇又极其缺乏人才。面对大的社会需求态势、大的择业环境，大学毕业生不要一味地追求不切实际的职业，争挤大城市和沿海地区，而是要根据社会的需要，确立面向基层、面向欠发达地区的务实择业观。很多大学

毕业生不能清醒地认识、对待面临的形势，不能及时调整期望值，结果导致期望值与社会需求之间严重错位，使自己的择业渠道越来越窄，处处碰壁。

（四）勇于竞争、敢于竞争、善于竞争的心理准备

随着毕业生就业制度改革的不断深化，大学毕业生拥有了一定的择业自主权，用人单位也同样拥有了充分的用人自主权。在这种情况下，竞争意识无疑就显得十分重要。虽然在机遇面前人人平等，但实际上机遇往往只偏爱那些具有竞争意识的人。今后，社会对人才的需求，将越来越依靠人才市场来调节，没有强烈的竞争意识和观念，不会主动在人才市场中推销自己，不善于捕捉一切有利于自己的时机，那么许多良机势必会与自己擦肩而过。因此，大学毕业生走向社会之前，要积极培养自己的竞争心理，树立竞争意识，以便在求职择业的激烈竞争中取胜。

（五）正确对待挫折的心理准备

求职择业的过程不是一帆风顺的，有的求职者投师无门、择业无路；有的求职者职业理想完全落空；有的求职者犹豫不决，步履维艰；有的求职者费尽周折得不到认可等，这些都是择业过程中常常会遇到的问题。其实，大学毕业生择业本身既是一次主、客观互相碰撞的过程，又是在择业的竞技场上优胜劣汰的过程，因此在择业过程中遇到挫折是正常的事情。一次不成功，还会有第二次、第三次机会，切不可因为在择业过程中遇到挫折就自卑。生活中的挫折是造就强者的必由之路，是锻炼意志、增强能力的好机会。遇到挫折后应放下心理包袱，仔细寻找失利的原因，调整好目标，脚踏实地地前进，争取新的机会。可以说，大学毕业生只要能及时找到自己失败的原因并加以改正，成功是必然的。

（六）应对面试的心理准备

"双向选择"的关键一环是"供需见面"，双方面谈的情况直接关系到求职的成功与否。对大学毕业生来说，这种面试的分量不亚于自己的考试经历。因此，做好面试的心理准备，才有助于顺利就业。大学毕业生除了在面试前要了解并掌握有关面试的基本知识之外，还要调整好自己的心态，保持良好的情绪和充分的自信。在面试过程中不要有太多的顾虑，学会自我镇静、自我放松，坦然面对面试结果。

三、健康的就业心理素质

就业心理素质是个体所拥有的对择业活动有重要影响的心理品质的总和。健康的就业心理素质主要表现在以下几个方面。

（一）良好的就业认知

就业认知是指人们获取就业信息和运用就业信息的心理活动，包括社会认知和自我认知。社会认知主要指大学毕业生能够主动了解就业形势、社会职业状况和用人单位的具体情况，及时准确地掌握就业信息，以此为据做出就业决策。自我认知主要指大学毕业生应该具有客观准确的自我观察、自我认可、自我评价、自我剖析、自我鉴定的能力，一方面，要了解自己的性格特点、兴趣爱好、综合能力；另一方面，结合社会认知，顺应实际地调整自己的就业心态、目标定位和就业期望值。

（二）健康的情绪

情绪是个体对外界事物认知的主观体验。积极健康的情绪能够有效地促进认知的发展，消极不良的情绪会阻碍认知的发展。在择业过程中，大学毕业生要善于调节自己的情绪，一方面，要客观实际地表达自己积极健康的情绪；另一方面，要学会通过适当的方式发泄自己消极不良的情绪，从而做到成功不狂喜，失败不气馁，善于控制和管理自己的情绪，保持良好的心理状态。

（三）良好的意志品质

意志是个体有意识地实现预定目标的心理过程，是个人主观能动性的集中体现，是个人取得事业成功必备的心理条件。目标明确合理、善于自觉自律、做事坚韧果断、勤于分析与自我控制等都是坚定意志的表现。拥有坚定意志的人既有坚定地实现自我目标的意志力，又有克制干扰目标的积极情绪和行为，还有抵抗通向目标过程中的挫折的能力，这些能力并不是与生俱来的，而是实践检验与锻炼的结果。提高意志力可以使大学毕业生的意志更加坚定，人格更加成熟，面对就业和创业的挑战更加从容。

（四）完善和谐的人格

心理健康的标志之一就是人格完整、和谐、统一，人格完善的人，无论是能力、性格和表现，还是动机、兴趣和人生观都是平衡发展的。成熟健康的人格表现在大学毕业生择业时能够互相帮助，保持和谐的人际沟通，即时共享就业信息，共同解决就业中遇到的各种问题，进而完成共同就业的目标。

（五）良好的环境适应能力

拥有良好的适应能力，可以让大学毕业生在择业的过程中直面就业现实并接受现实，同时主动地适应现实，还可以通过实践和认知改变现实。良好的环境适应能力，在情感上可以减少依赖心理；善于在不同环境下培养自己的兴趣和事业的结合点；能够正确看待现实，与社会建立起融洽的关系；能够把自己置身于社会之中，尽享充实的心理生活。适应环境、正视现实是大学毕业生择业的一个健康的心理特征。

第二节　大学生就业心理的常见问题

大学生群体是个体由青年期到成年期成长过程中一个特殊的群体，集多种特殊性于一身，处于"第二次心理断乳期""边缘人"地位和"心理延续偿付期"，有多重价值观、人格的再构成等心理内在原因，同时存在着环境中诱发因素的作用，使大学生的心理健康状况比个体一生中的其他阶段人群及处于这一时期的其他群体明显要差。一般的观点认为，大学生就业期的心理问题主要有挫折心理、从众心理、嫉妒心理、羞怯心理、盲目攀比心理、自卑心理、依赖心理，以及其他心理，如注重实惠、坐享其成的心态、过分强调自我价值等。为了帮助大学毕业生更好地认识这些问题，为就业做好心理准备和心理调适，我们从以下几个方面来介绍大学生就业时存在的心理问题。

一、就业心理压力与焦虑

当前，由于激烈的就业竞争环境导致的就业问题给大学生带来了较大的心理压力，而且这种心理压力在各年级学生中都存在。调查显示，个人前途与就业已成为大学生心理压力中最大的因素，而且心理压力有随着年级增高而上升的趋势。大学生就业压力体验相当严重，尤其以心理体验最为严重。大学生毕业前的心理压力较过去有明显增大，主要原因是毕业方向的选择、就业、考研、恋爱分合、大学中不愉快的经历、离别感伤、突发事件、经济条件等；女大学生的心理压力大于男大学生，农村学生的焦虑水平高于城市学生。而大学生面对就业压力的释放方式则过于内向化，主要是自己解决和求助于同学、朋友。

除此之外，在就业压力和焦虑中还伴有就业恐惧心理，主要表现为：一方面，渴望自己尽快走上社会，谋求到适合自己的理想职业；另一方面，又患得患失，不愿意走出校门，对走上社会感到心里没底。大学生的就业忧虑和恐惧心理是由于意识到就业的客观形式与自我主观推荐的矛盾而产生的心理体验。

二、就业心理期望与失落感

许多大学生有一种"十年寒窗，一举成名"的心理，因此对择业的期望值相当高。大学生大多都希望到条件好、福利待遇高的大城市、大机关、大公司工作，而不愿意到急需人才但条件艰苦的中小城市和基层小单位，过分地考虑择业的地域、职位的高低和单位的经济效益。高期望值驱使大学毕业生总是向往高薪水、高职位、高起点，渴求高收入、高物质回报，并一厢情愿地对用人单位提出种种要求，将自己就业的目标定得很高，即使找不到合适的单位也不肯降低就业期望值。某些大学毕业生自恃学有所长，认为"天生我材必有用"，过高地估价自己，在择业时往往以个人的主观择业标准去衡量社会需要，结果常常是"高不成，低不就"。例如，一些学生说："非北京、上海、深圳不去。"可是现实就业岗位大多不像大学生所想象的那么美好，因此当发现现实与理想的差异较大时，就容易产生偏执、幻想、自卑、虚伪等心理问题，并可能导致择业行为的偏差。

三、就业观念不合理

大学生的择业观念虽然在总体上倾向于务实化与理性化，但由于处于择业观念的转型阶段，因此也存在着各种不良观念，并影响了大学生的健康和顺利就业。这些不良观念主要表现在以下几个方面。

（一）只顾眼前利益，忽视职业发展

一些大学生在求职择业时只看重工作条件、收入等眼前的实际利益，而不考虑自我的职业兴趣、能力、职业的发展前景等因素，因而极易选择并不适合自己的职业。

（二）职业标准过于功利化、等级化

不少大学毕业生有怕吃苦、盲目追求享受的心理，甚至受社会功利主义的影响，择业时名利心理过重，对金钱和名利的看法出现了偏差，缺乏对自我的客观评价，不考虑新形势下用人单位对大学毕业生的专业、能力、层次等方面的要求，盲目追求高待遇，甚至还将职业划分为不同等级，而不考虑国家与社会的需要，不愿意到条件比较艰苦的地区和行业工作。

（三）求安稳，求职一次到位的传统观念根深蒂固

不少大学生择业时希望一步到位，然而只有在工作的过程中才能找到最能发挥自己特长的岗位。因此，"先就业，后择业"能让大学毕业生在工作过程中逐渐找准自己的职业生涯的发展方向，不必计较跨出校门的第一个台阶有多高，因为很多大学毕业生都没有社会经验，对自己喜欢什么样的工作环境和岗位都不清楚，要找到一份理想的工作是有一定难度的。"专业对口"和"铁饭碗"的思想束缚了大学毕业生的择业范围，使他们在择业时顾虑重重，不敢冒险，缺乏风险意识和风险承受力，妨碍了自我推销的有效展开。

（四）过分强调专业对口，学以致用

在求职时，只要是与自己专业关系不密切的职业就不考虑，这样做只能是人为地增加了自己的就业难度。

（五）职业意义认识不当

从观念上来说，许多大学毕业生仅仅把工作当作一种谋生的手段，没有充分认识到职业对个人发展、社会进步的重要意义。

四、就业人格缺陷

（一）盲目性和依赖性

盲目性是指在求职中不考虑自己的兴趣、专业等特点，盲目听从或跟随别人的意见，以及盲目寻求热门职业的现象。持有这种心理的大学毕业生往往脱离自己的实际状况，跟在别人的后面走，如在就业市场中哪个单位前面人多他们就去哪里，别人说什么工作好他们就寻求什么样的工作，全然不顾自己的能力和现状，不会扬长避短。

依赖性是指在就业中不愿承担责任，缺乏独立意识，没有个人独立的决策能力，没有进取精神，只是依赖父母或老师、学校，甚至只等工作送上门而不去积极争取。一些大学毕业生自己不去找工作，只等着父母和亲朋好友到处找关系、托人情，甚至还怀念过去那种统包统分的制度，希望学校解决就业问题。当别人为自己找的工作不合心意时就大发脾气，抱怨父母或学校。还有不少大学毕业生由家长陪着参加供需见面会，工作的好坏完全由父母决定，缺乏自主择业的能力。

（二）就业挫折承受力差

不少大学生在求职时只想成功，一旦遭受挫折就会一蹶不振，陷入苦闷、焦虑、失望的情绪之中不能自拔。他们对求职中的挫折既缺乏估计，也缺乏承受能力，不能很好地调节自己的心态，也不会通过总结求职中的经验教训来获得下一次的成功。特别是一些冷门专业或学习成绩不佳的大学生，以及没有"关系"的大学生更容易出现不敢竞争、不敢尝试的问题。害怕竞争的保守心理一方面与大学生缺乏社会实践锻炼有关；另一方面更与许多大学生害怕失败，不敢面对就业挫折有关。如一些大学生在就业中只找那些把握大的工作，而对竞争性强的工作不敢问津，害怕因求职失败而遭受打击。

（三）自卑与自大

一些大学毕业生在求职中常会产生自卑心理，对自己的评价偏低，总是认为自己的水平比别人差，单位要求很高，自己肯定达不到，自己能力不行等。造成大学毕业生自卑心理的原因有很多，如专业冷门，用人单位少；或自己的能力不足；或性格内向，不善言辞等。

自卑的反面是自大，而且两者有时会相互转化。一些专业较好、就业资本较雄厚的大学生容易从自信变为自负。还有一些大学生脱离实际，他们既缺乏对自己的客观认识，也对就业市场、职业生活缺乏了解，一切都凭自己的主观想象。

自卑与自大是大学生身上常见的人格缺陷，在就业中的表现就是对自己缺乏一个客观的评价，同时对职业缺乏深入的认识。在就业中，自卑与自大常存在交织的现象，如一些大学生在求职比较顺利时容易自大，一旦出现挫折就自卑；一些大学生虽然因自身条件而比较自卑，但是真正遇到用人单位时却又表现为自大，要求很高。

（四）人际交往障碍

有些大学生缺乏基本的人际交往能力。例如，有的在求职过程中过于怯懦、紧张，不敢在用人单位面前表现自己，甚至连面试也不敢去，常常一开口就面红耳赤，语无伦次。还有的在求职过程中不懂得照顾别人的感受，不懂得人际交往的礼貌、礼仪。

（五）偏执

1. 追求公平的偏执

大学生要求公平的竞争环境，对一些不良的社会风气感到气愤是正常的，但有一些大学生表现为对公平的过分偏执，将自己求职中的一切问题都归结为就业市场不公平，以致在自己的整个求职过程中都有很大的心理阴影。

2. 高择业标准的偏执

大多数大学毕业生对求职有过高的期望，不过其中的多数人能通过在就业市场的体验，客观地认识和接受当前的就业现状并调整自己的择业标准。但仍有少数大学生固执己见，偏执地坚持自己原来的择业标准，甚至宁愿不就业也不改变。

3. 对专业对口的偏执

一些大学生在就业时过分追求专业对口，不顾社会需要，无视专业伸缩性、适应性，只要是与专业有一定出入的工作就不考虑，只要不符合自身专业就不签约。这样就人为地减少了自己就业的机会。

五、不健康的就业心理

大学生是充满朝气的青年群体，其生活环境、活动的主要目标及所处的社会地位有相对特殊性。而对激烈竞争的社会形势，对未来岗位、人际关系等不确定因素的担忧势必会影响其心理。大学生就业中常见的心理误区有以下几点：

（一）自卑心理

在竞争激烈的求职场上，部分大学生因所学专业不景气，或因自己专业知识、专业技能不如他人，产生强烈的自卑感，并进而转化为自卑心理。自卑心理是一种消极的自我评价或自我意识。有自卑心理的大学毕业生往往过高地估计择业的压力，并且过低地评价自己的形象、能力和自身价值。

自卑心理必然导致在就业中产生低就心理。低就心理表现的特点为：在应聘时，往往没有信心和勇气面对用人单位，不能适当地向用人单位展示自己的长处，不敢对自己进行"明码标价"，甚至对于一些单位开出的不平等协议也一味地妥协，低就心理很可能给日后的工作带来隐患。

（二）自负心理

当代大学生在就业这一市场竞争中应当具有一定的自信，才能克服困难、不怕挫折，争取到适合自己的岗位。但是，一部分大学生对自己认知过高，自认为高人一等，这种不切实际的自我欣赏，容易导致在求职中期望值偏高，好高骛远。择业时不能从实际出发，这山望着那山高，总认为自己能胜任所有的工作；或是看不上那单位，瞧不起这职位，盲目攀比。

自负心理是缺乏客观自我分析和自我评价的表现。大学生都希望能够找到施展才能和抱负的舞台，成功意识、功利意识较强，渴望找到最理想的工作岗位，并希望尽早通过职业满足自己在物质上和精神上的需求。大部分大学生能把自己的理想自觉服从于国家、民族、人民的需求，但也有不少人在认识方式上只注重自身感受和体验，不考虑社会实际价值取向，在道德观选择上表现出唯我独尊、个人至上，这就是自负心理的典型表现。

（三）攀比心理

攀比心理是指大学生在就业过程中不从实际出发、不量力而行，盲目与他人攀比的心理。大学生未充分考虑自身的实际情况，如自己的专业范围、职业兴趣与事业追求、实际能力与综合素质等，在择业过程中盲目地做决定。其他人都想到沿海地区发展，他也想到沿海地区；其他人跻身于金融、IT 等热门紧俏行业，他也想去这些行业。这种缺乏全盘考虑，没有切合自己能力与兴趣的职业追求，往往在就业时会遭受不必要的挫折，延误或丧失就业机会。

（四）从众心理

能够学有所成，在服务社会中实现自己的人生理想，是每一位即将走出大学校园的学子的美好心愿。但是，一部分大学生自我定位不够准确，对所学专业缺乏深入的了解，对专业的社会需求分析不透彻，并且缺乏一定的自我决断力。这部分大学生很容易追随他人的脚步，只要是社会上受追捧的职业，不管它们是否适合自己，是否与自己的专业相关，都竭力去争取。他们认为，大多数人的选择一定是科学的选择，大多数人钟情的工作一定是好工作，大多数人的选择一定没错。持这种从众心理择业，无异于逼着自己和别人同走独木桥，忽视自己的特长，丢失了最能发挥自己特长的机会，难免失足受挫。这种从众心理，使部分大学生失去了更多良好的就业机会。

（五）焦虑心理

焦虑心理是指大学毕业生既希望谋求到理想的职业，又担心被用人单位拒之门外，担心自己在择业上的失误会造成终身遗憾，并对未来的职业生活感到心中没底，因此在就业过程中产生的一种心理问题，成天想着各种不必要的担心，造成精神紧张、忧心忡忡、烦躁不安、意志消沉，甚至产生彻夜难眠的现象，行为上反应迟钝、手忙脚乱、无所适从，影响用人单位对其做出正确评价。

焦虑心理是心理冲突或挫折引起的，一些来自边远地区，或性格内向，或有生理缺陷，或学习成绩欠佳的大学生出现焦虑心理的概率更大。

在竞争激烈的现代社会，理想的职业并不是很容易得到的，需要自己做出合理定位和不懈努力。用人单位在选择人才时往往需要经过多方面地了解与观察，有时需要一个等待过程，这种等待容易形成大学生就业的焦虑心理。

（六）逃避心理

逃避心理实际上是一种抵触心理。大学生从相对比较单纯的校园中进入社会，会发现社会竟然是如此错综复杂，特别是看到社会的一些阴暗面后，自己不想面对，只想回归到校园的纯粹中去，这种情况下就容易产生逃避心理。

求职择业是大学生人生道路上的一次重大选择，是能否成功就业、顺利走向社会的一个关口。因此，在求职择业的过程中，应该树立良好的就业心态，正确地认识自我，认识社会，做好择业前的心理准备，排除心理干扰，以积极健康的心态主动迎接挑战与竞争，从而能够顺利就业。

第三节　大学生就业心理的自我调适

一、掌握心理调适的方法

当自己出现心理问题时，不要过分地紧张和害怕，可以尝试通过自我心理调适来进行排解。必要时，可以求助心理咨询专业人员，在其指导帮助下解决心理问题。以下是几种常用的心理调适的方法。

（一）自我暗示法

自我暗示法是指通过主观想象某种特殊的人与事物的存在来进行自我刺激，达到改变行为和主观经验的目的。这也是较为常用的心理调适方法之一。一些性格较为内向、不愿意把内心苦闷倾诉给别人的大学毕业生可以采用此方法，通过积极的自我暗示，可以肯定自我，克服消极的心理状态，实现心理平衡。比如，可以或大声说出来，或默念，或写出来："我是一个出类拔萃的求职者""我一定能找到适合自己的工作""天生我材必有用"等，通过这种方法可以克服自卑，稳定情绪，舒缓压力，达到调整不良心态的目的。

（二）自我放松法

自我放松法是指通过肢体、意念的调控来实现放松的调适方法，可以帮助人们减轻或消除各种不良的身心反应。在就业过程中，当遇到面试、演讲等环节时，很多大学毕业生会出现紧张、焦虑等情绪，此时可以采用此方法进行调适。

（1）肌肉放松。先局部，后全部，紧张躯干肌肉群，适时保持紧张，然后放松，主要是体验由紧张到放松的感觉。如默念 1、2、3、4、5，用力握紧拳头，坚持 10 秒，然后彻底放松双手，体验放松的感觉。

（2）意念放松。先稳定情绪，静下心来，闭上眼睛，排除杂念，把注意力集中到下丹田，用腹式呼吸法慢慢呼吸，吸气时，想象丹田处有一股气从腹部升到胸部，再升到头部；呼气时，想象这股气从头顶向后顺脖子、脊梁回到丹田，反复几次，能达到消除紧张的效果。

（三）转移注意法

转移注意法是指在出现不易控制的心理问题时，可以采取迂回的办法，把自己的注意力、精力和情感转移到其他活动上去，从而达到排解内心苦闷、烦躁，放松自己心情的目的。大学毕业生遇到挫折出现郁闷、痛苦、悲伤等消极心理时，可以转换注意力，去做自己喜欢做的事情，如参加体育锻炼、听音乐、看电影等活动，等消极情绪有所缓解时再冷静考虑自己的就业问题，这时的分析才会客观和理性。

（四）客观分析法

客观分析法是指人在面对挫折和失败时，能理性、冷静地面对出现的问题，客观分析失败的原因，从而调整心态，实现心理平衡。在就业过程中，难免会遇到挫折，或简历被退回，或笔试被刷掉，或面试被淘汰，出现此类问题时，一定要客观分析原因，是个人的原因，还是用人单位的原因？是个人能力、素质的原因，还是就业目标偏高的原因？通过正确归因，找到解决问题的办法，情绪、心境自然就会调整到常态。

（五）自我安慰法

自我安慰法是指通过自我辩解，达到自我解脱。大学毕业生在遭遇挫折时，在个人用尽全力仍然无法改变结果，只能接受失败时，可以找一个自己可以接受的理由，来为自己开脱，从而实现心理平衡。这种方法就是鼓励大学毕业生要有"阿Q精神"，用自我安慰的方法，让自己能面对现实，接受失败，从而尽快走出心理困境。

（六）适度宣泄法

适度宣泄法是指通过一定的行为或语言等方式来减缓或释放心理压力。大学毕业生在心理压力过大时，为了实现心理减压，可以采取宣泄的方式来排解不良情绪，比较常见的方法有以下几种：

（1）倾诉。遇到挫折时，找自己的朋友、老师和家人倾诉苦闷，倾听者只要认真倾听并做出适当反应，就可以使自己的心理压力得到缓解。

（2）哭泣。在极度痛苦或过于悲痛时，痛痛快快地哭上一场，会产生积极的心理反应，心理压力即可得到缓解。

（3）剧烈运动。当心理不适时，可以打篮球、长跑，直到筋疲力尽，心理也会得到放松。当然，宣泄必须适度，要注意场合、身份，不能对他人、自身及社会造成直接或间接的损害。

二、就业心理自我调节的具体措施

就业本身就是我们认识和适应社会的一个过程，在求职过程中遇到困难，甚至经过几次挫折才成功是正常的。在就业中，遇到许多心理冲突、困惑，产生一些不良情绪也是正常的。遇到就业问题时，要学会调节自己的心态，使自己能从容、冷静地面对就业这一人生重大课题，并做出正确、理智的选择。如果你遇到了就业心理困扰，可以试着从以下几个方面来调节。

（一）接受客观现实，调整就业期望值

就业市场化、自主择业给大学生带来了机遇与实惠，但许多大学生对"市场"残酷的一面认识不足，对就业市场的客观实际了解不够。经过对就业市场、就业形势的客观了解与深刻体验后，我们必须明白现实情况就是如此，无论是抱怨还是气愤都没有用。与其成天怨天尤人，浪费时间，影响自己的心情，还不如勇敢地承认和接受当前所面临的现实，彻底打破以往的美好想象，脚踏实地地寻求解决问题的办法。

在就业市场上，用人单位找不到人，大量的大学毕业生无处去的"错位"现象普遍存在，这是因为大学生的就业期望值普遍较高。因此，要顺利就业就必须首先根据自己的实际情况和就业形势，调整自己的就业期望值。调整就业期望值不是对单位没有选择，只要有单位就去，而是要在职业生涯规划和职业发展观念的基础上重新确定自己的人生轨迹。也就是说，要树立长远的职业发展观念，摆脱过去那种择业就是"一次到位"，要求绝对安稳的观念。要知道即使在好的单位工作，将来也有下岗的可能。

因此，在择业时要看得长远一些，学会规划自己整个人生的职业生涯。在当前获得一个理想职业的时机还不成熟时，应采取"先就业，后择业，再创业"的办法。也就是说，在择业时不要期望太高，可以先选择一个职业，不断提高自己的社会生存能力，增加工作经验，然后凭借自己的努力，通过正当的职业流动，来逐步实现自我价值。许多大学生不愿意去经济落后的地区工作，可是随着西部大开发的进行，西部地区将成为经济发展的热点，也将给大学生提供更多的发展机会，因此到这样的地区工作可能会更有利于自己的职业发展，取得事业的成功。

（二）充分认识职业价值，树立合理的职业价值观

传统观念认为，人们工作就是为了满足生存的需要，但是对现代社会的人来说，职业对个体的意义已经远不是如此简单，职业可以满足人们从低层次到高层

次的多方面需要。例如，最近有人对职业价值结构进行初步研究，发现了交往、义利、挑战、环境、权力、成就、创造、求新、归属、责任、自认 11 个类别的因素。因此，职业的价值是丰富的，我们要充分认识到职业对个体发展、社会进步所起到的重要作用。

在择业时不能只考虑经济收入、工作条件、地点等因素，更要考虑职业对自己一生发展的影响与作用，应看重职业能否帮助自己实现自我价值。因此，要在考察社会需要的基础上，树立起自我职业发展、才能发挥、事业成功的职业价值观。对于那些虽然现在工作条件不怎么样，但发展空间大，能让自己充分发挥作用的单位要优先考虑；对于那些现在经济发展水平不太高，但发展潜力大，创业机会多的工作地点也要重视。总之，盲目到一些表面上看起来不错，但不适合自己，自己的才能不能得到有效发挥的单位去工作，是不会让自己满意的。与其将来后悔，不如现在就改变自己，树立适应我国当前市场经济发展、人才需求规律的合理的职业价值观，以指导自己正确择业。

（三）认识与接受职业自我，主动捕捉机遇

大学生就业中的许多心理困扰都与不能正确认识和接受职业自我有关，因此，正确地认识自我的职业心理特点并接受自我，是调节就业心理的重要途径，并可以帮助自己找到合适的职业方向。要知道自己喜欢什么样的职业、需要什么样的职业、自己的择业标准以及依自己目前的能力能干什么样的工作，这样才能知道什么样的工作更适合自己。许多大学生通过参加求职活动后就会发现自己的能力与水平并不像自己以前想象的那么高，并容易出现各种失望、悲观、不满情绪。因此，在认识自我特点后还要接受自我，对自我当前存在的问题不能一味地抱怨，也没有必要自卑，因为自己当前的特点是客观现实的，在毕业期间要有大的改变是不可能的，因此，要承认自己的现状，学会扬长避短。另外，要用发展的观点来看待自己，要知道有缺点并不可怕，可以先就业，然后在工作岗位上不断发展

自己。

大学生就业中的机遇因素也是非常重要的，了解并接受了自我特点以后，还要学会抓住属于自己的机遇，这样才能保证以后的求职顺利。要抓住机遇，首先必须要多收集有关的职业信息，多参加一些招聘会，并根据已制定的择业标准进行选择。需要注意的是，机遇并不是对任何人都适用的。一份工作的好与不好是相对的，对别人合适的，对自己不一定合适，因此一定不能盲从。要时时记住，只有适合自己的才是最好的。最后要注意机遇的时效性，在发现就业机会时要主动出击，不能犹豫，也不要害怕失败，应该有敢试、敢闯的精神。

（四）坦然面对就业挫折，提高心理承受力

面对市场竞争、就业压力，大学生在求职中总会遇到许多困难、挫折，甚至委屈，如一些专业"热门"，有些则"冷门"；又如，女大学生找工作容易受到歧视等。面对这些问题抱怨是没有用的，更重要的是调整自我心态，提高自己对各种突发事件的心理承受能力。其实，就业的过程也是大学生重新认识自我、认识社会，并主动调整自我适应社会的过程。如果能通过求职而增强自我心理调节与承受能力，对大学生今后的职业生涯都是非常有用的。

在求职中遇到挫折时，要用冷静和坦然的态度面对，客观地分析自己失败的原因，进行正确的归因。首先，在就业市场化、需求形势不佳、就业竞争激烈的条件下，出现求职失败是在所难免的，不能期望自己每次求职都能成功。要对可能出现的求职挫折有充分的心理准备。同时，应把就业看作一个很好的认识社会、认识职业生活、适应社会的机会，应通过求职活动来发展自己，促进自我成熟。其次，自己求职失败并不一定就是因为自己的能力不行。出现求职失败有许多原因，可能是因为你选择求职单位的方向不对，也可能是因为你的价值观与单位的企业文化不符合，还有可能是其他一些偶然因素。总之，要正确地分析自己失败的原因，调整自己的求职策略，学会安慰自己，以便在下次的求职中获得成功。

（五）调整就业心态，促进人格完善

在求职时，自己或身边的同学出现一些不健康的心态是正常的，没有必要过度担心，害怕自己有心理障碍。当然，对于这些不良的心态也要学会主动调适，必要时还可以寻求有关心理专家的帮助。进行自我心理调适的方法有很多，首先，可以进行积极的自我心理暗示，鼓励自己、相信自己，帮助自己渡过难关；其次，可以向朋友、老师倾诉，寻求他们的安慰与支持；最后，还可以通过体育锻炼、听音乐、郊游等方式转移自己的注意力，排解心中的烦闷，放松自己的心情。

通过对自己在就业时出现的种种不良心态的分析，可以发现自己平时不容易察觉的一些人格缺陷。应该说这些人格缺陷是产生这种就业心理问题的根本原因，如果现在没有很好地完善自己的人格，那么这些问题还会在今后的工作和生活中继续给你带来困扰。因此，有关问题其实暴露得越早越好，同时也不必为自己所存在的人格缺陷而懊恼，因为很少有人是绝对的人格健全的，关键是要在发现自己的问题的基础上，积极地改变自己、发展自己，使自己的人格更加健全，使自己将来的人生道路更加顺利。

（六）开拓进取，勇于创业

大学生有理想、有抱负，有创新精神，敢作敢为。因此，大学生要有自主创业的打算，这既可以在毕业后马上实现，也可以通过一定的社会积累后再实行。大学生一定要有开拓自己事业的信心与勇气。当前的一些大学生创业公司虽然遇到了一些困难，但也有相当成功的案例。大学生创业肯定是值得鼓励的，关键是要有准确的观念与思路，要对自己有一个合理的规划与定位，要与有市场经验的人合作，要摆脱学生的意识，要进行科学化、职业化的管理。

第五章　大学生就业形势与政策

第一节　大学生就业形势与政策

我国的大学毕业生就业制度已经从计划经济时代的包分配，过渡到市场经济时代的市场化就业。随着高等教育的大众化，就业也从精英就业转变为普通就业。大学毕业生应该认真分析就业形势，从人才市场的实际需求出发，而不是只从自我意愿出发去寻求适合自己的就业岗位。目前，大型互联网公司的招聘需求明显下降，岗位要求却逐年提高，竞争异常激烈。从长期职业发展来看，基层的基础就业岗位有可能发展机会更多。大学生在就业选择时，在考虑择己所利的基础上，必须考虑人才市场的现实需求，不一定非要选择高大上的就业机构，有时候退一步会海阔天空。

一、我国宏观就业形势

（一）国际政治经济形势愈发复杂多变

国际政治经济环境的变化会通过各种渠道传导到国内，从而对国内的经济和就业产生影响。目前，全球经济复苏动能持续弱化，世界经济下行压力加大，导致我国出口面临的外部环境趋紧，再加上全球贸易摩擦风险依然存在，使我国大学生的就业形势变得更加严峻。

（二）我国经济下行压力进一步加大

就业和经济增长是高度相关的，经济下行势必会影响到就业形势。2014—2019年，我国经济增长率分别为 7.4%、6.9%、6.7%、6.9%、6.6%、6.1%，GDP 增速呈缓慢回落态势。我国经济增速回落属于向新常态的过渡，将逐步由高速回调至中高速。这种增速的放缓必然会给就业增长带来一定的压力。

（三）国家宏观政策的调整逐步到位

近年来，为了有效地缓解大学生的就业压力，促进大学生就业，各级政府和相关部门先后出台了一系列促进大学毕业生就业的政策和措施，为大学毕业生就业创造了良好的条件和环境，并取得了积极的效果。各级政府和相关部门频频出台新的大学生就业政策，其特点是：涵盖面广，涉及教育、人事、公安、财税、金融、工商等领域；内容丰富，涉及高校人才培养、就业指导、职业培训、劳动合同、户籍管理、档案管理、社会保障、基层就业、自主创业等，综合性极强。

随着大学生就业政策的不断完善，政策效应将充分释放。不断激活人力资源市场，与宏观经济政策、产业政策协调推进，综合发力，为大学生创造更好的就业环境和更多的就业机会，从根本上消除大学生就业在制度上的障碍，对真正解决大学生的就业难题起到了非常重要的作用。

（四）国家高度重视大学生就业

大学生是国家宝贵的人才资源，是现代化建设的重要力量，是"大众创业、万众创新"的生力军。高校毕业生的就业、创业，事关国家经济社会发展和社会和谐稳定。党中央、国务院历来高度重视和关心高校毕业生的就业工作。党的十八大报告中指出，"就业是民生之本"，要"做好以高校毕业生为重点的青年就业工作"。党的十八大报告同时把"就业更加充分"作为全面建成小康社会和全面深化改革开放的目标之一。

二、当前大学生就业形势

（一）总量继续攀升

自 1999 年起，伴随我国高等教育招生规模的连续扩大，高校毕业生的人数平均以 20%～30%的幅度逐年递增，如图 5-1 所示。经教育部统计，2020 年应届高校毕业生规模约为 874 万人，求职人数创下历史新高。

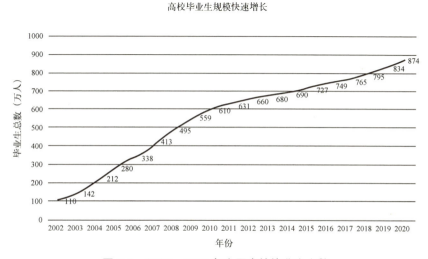

图 5-1　2002—2020 年全国高校毕业生人数

（二）挑战与机遇并存

大学生就业与国家经济发展是息息相关的。传统的经济学理论一般认为：劳动力需求的水平主要是由经济增长速度决定的，经济增长会为劳动力市场创造更多的就业岗位，失业率则降低；反之，劳动力需求将减少，失业率则升高。新常态下，我国经济增长由高速向中高速转换，经济下行压力比较大，每年新增的就业岗位数存在不确定性，本就不乐观的大学生就业形势也就更加复杂严峻。而且，新常态下产业结构调整优化的过程中，传统行业转入新领域，对从业者的知识和技能提出了更高、更新的要求，一些大学毕业生如果不适应新的岗位要求，将会失去一些就业机会。

随着高新技术产业、新兴产业逐渐蓬勃发展，国家产业结构中第三产业的比重也在不断上升。相对于传统产业，第三产业、高新技术产业和新兴产业的就业岗位普遍对从业者素质提出了更高的要求，这对大学毕业生就业比较有利；日益增长的中高端劳动力的需求也会极大地拓展大学毕业生的就业市场，使大学毕业生就业问题在一定程度上得到缓解。同时，企业充分参与市场竞争、推进企业创新发展、扩大企业规模，市场潜力将会被进一步激发。作为吸纳大学毕业生就业的重要渠道，中小企业、私营企业的蓬勃发展将会为大学毕业生的就业提供新的契机。

（三）就业市场更加完善和规范

经过 20 多年的发展，伴随着高校毕业生就业制度改革而建立的大学生就业市场已基本形成，市场的积极作用逐渐凸显，信息更加公开、便捷，操作更加规范、有序，大学毕业生更容易掌握有效的市场信号，并做出积极回应。目前，就业市场因其高效、可靠、真实、规范，而受到大学毕业生和招聘单位的普遍欢迎。大学毕业生就业市场的功能也从单一的就业媒介不断丰富，综合性的指导服务体系已逐步建立，能够为大学毕业生和招聘单位提供全方位的帮助、指导和服务。市场机制在大学毕业生择业过程中的作用越来越明显，大学生就业市场正逐步从不规范到规范、从功能单一到功能多样化、从不成熟到逐步成熟，有效地促进了大学毕业生的就业。

三、大学生就业政策

（一）到基层和中西部地区就业的相关政策

（1）对到农村基层和城市社区公益性岗位就业的，给予社会保险补贴和公益性岗位补贴；对到农村基层和城市社区其他社会管理和公共服务岗位就业的，给予薪酬或生活补贴；

（2）对到中西部地区和艰苦边远地区县以下农村基层单位就业并履行一定服务期限的，由政府补偿学费，代偿助学贷款；

（3）对有基层工作经历的，在研究生招录和事业单位选聘时优先录取；

（4）对参加"选聘高校毕业生到村任职""三支一扶"（支教、支农、支医和扶贫）、"大学生志愿服务西部计划""农村义务教育阶段学校教师特设岗位计划"等项目的，给予生活补贴，按规定参加社会保险；项目服务期满并考核合格的，报考硕士研究生初试总分加 10 分；今后相应的自然减员空岗全部聘用参加项目服务期满的高校毕业生。

（二）到中小微企业就业的相关政策

按照国务院发布的相关文件规定：对招收高校毕业生达到一定数量的中小企业，地方财政应优先考虑安排扶持中小企业发展资金，并优先提供技术改造贷款贴息。当年新招收登记失业高校毕业生，达到现有在职职工总数的 30%（超过 100 人的企业达到 15%）以上，并与其签订一年以上劳动合同的劳动密集型小企业，可按规定申请最高不超过 200 万元的小额担保贷款，并享受 50% 的财政贴息。高校毕业生到中小企业就业的，在专业技术职称评定、科研项目经费申请、科研成果或荣誉称号申报等方面，享受与国有企事业单位同类人员的同等待遇。对中小微企业新招聘的毕业年度高校毕业生，签订一年以上劳动合同并缴纳社会保险费的，给予一年社会保险补贴。

（三）高校毕业生应征入伍、服义务兵役的相关政策

（1）由政府补偿学费，代偿助学贷款。

（2）在选取士官、考军校、安排到技术岗位等方面优先。

（3）退役后参加政法院校为基层公检法定向岗位招生考试时，优先录取。

（4）具有高职（高专）学历的，退役后免试入读成人本科；或经过一定考核，

入读普通本科。

（5）退役后报考硕士研究生初试总分加 10 分；荣立二等功及以上的，退役后免试推荐入读硕士研究生。

（四）参与国家和地方重大科研项目的相关政策

高校毕业生在参与项目研究期间，享受劳务性费用和有关社会保险补助，户口、档案可存放在项目单位所在地或入学前家庭所在地的人才交流中心。聘用期满，根据需要可以续聘或到其他岗位就业，就业后工龄与参与项目研究期间的工作时间合并计算，社会保险缴费年限连续计算。

（五）对困难家庭的高校毕业生的就业援助相关政策

（1）就业困难和零就业家庭的高校毕业生，享受公益性岗位安置、社会保险补贴、公益性岗位补贴等就业援助政策。

（2）机关、事业单位免收招聘报名费和体检费。

（3）高校可根据实际情况给予适当的求职补贴。

（4）对离校后未就业回到原籍的高校毕业生，由当地公共就业服务机构免费提供就业服务，并组织就业见习和职业技能培训。

第二节　大学生就业市场与发展趋势

受家庭和社会环境的影响，很多大学毕业生的择业观念和行为存在一定偏差，主要表现为择业期望"急功近利"，重在考虑单位性质、地理位置、工作条件、各种待遇等，从而脱离市场实际和国家、社会发展的要求。攀比、从众、盲目崇拜大城市和外资企业等心态，造成大学毕业生就业地区流向和单位流向的失衡，不利于实现人才资源的合理配置。从职业生涯的发展角度来说，刚刚毕业的大学生在选择工作时，不应仅仅以外在条件的好坏为标准，而应首先考虑该工作能否为自己提供学习的机会，开发自己的潜能，实现下一步的成长。

一、大学生就业市场

（一）大学生就业市场概述

大学生就业市场属于人才资源市场的一种，它是大学毕业生与用人单位进行双向选择的重要场所，也是引导大学毕业生调整择业期望值，合理优化社会人才配置，实行公开、公正竞争，优胜劣汰的场所。它的工作职责和主要任务是为高校毕业生举办各种类别的双向选择会、洽谈会，开展就业咨询和为用人单位提供相应的招聘服务等，通过这一系列的就业活动，最终为高校毕业生寻找合适的工作岗位，满足高校毕业生对就业的需求和用人单位招收大学生人才的需求。

大学生就业市场可分为有形市场和无形市场两大类。

1. 有形市场

有形市场是指有固定场所、地点、举办时间及特定对象参加的市场。比如，在某一时间内把用人单位与大学毕业生组织在某一场所，为双方进行交流和双向选择提供的就业平台。目前，大学生就业有形市场大体有以下几种：

（1）以学校为主体单独举办的毕业生招聘活动。

（2）学校联办的毕业生就业招聘活动。

（3）地区性、区域性的就业市场。

（4）企业的专场招聘会。

2. 无形市场

目前，无形市场已经不是简单地通过电话、邮件和计算机网络，以及其他通信和传播手段来完成双方的交流和联系，而是借助信息技术的高科技手段在网络上建立起各类就业网站、求职网站，为大学生就业市场提供了更宽阔的发展领域。凭借信息快速便捷和方便灵活的特点，使用人单位和大学毕业生之间打破时间、区域、场所的限制，提高了就业工作的效率。

常见的大学生就业市场的横纵对比，具体如表 5-1 所示。

表 5-1　大学生就业市场对比分析

类　　别	优　　势	劣　　势
国家及各级政府举办的大学生就业市场	组织市场容易 可信度高 组织保障有力	针对性不强，市场效率低 建设力度不够，运行成本高 地区间发展不平衡
高校举办的大学生就业市场	针对性强，签约率高 可信度高，权威性高 方便，学生求职成本低	邀请单位和组织市场难 成本高，加重学校负担
人才中介机构举办的就业市场	经验丰富 可投入精力多 市场基础好	针对性差，有效率低 监管力度差，可信度低
网络举办的大学生就业市场	方便、快捷、灵活 不受时空限制 信息量大 资源易共享	信息化建设投入大 网上信息可信度低

（二）大学毕业生就业市场的现状

当前大学毕业生就业市场的现状表现在以下几个方面。

1. 供需形势总体上存在诸多的不平衡现象

（1）学科专业之间的不平衡。随着高新技术产业的迅猛发展，以及国家对基础设施投资的加大，计算机、通信、电子、土建、机械、自动化、医药、师范等学科的大学毕业生需求旺盛，而哲学、社会学、经济学、法学、农学等学科的大学毕业生需求低迷。

（2）学历之间的不平衡。社会对高层次的复合型、外向型和开拓型的人才需求日益迫切，出现了人才结构、学历层次的"重心"上移。

（3）在大学毕业生就业中，形成了研究生需求旺盛，本科生供需基本持平，而专业对口的专科生、高职生需求旺盛的局面。

（4）地区之间的不平衡。东部沿海经济发达地区和中心城市对大学毕业生的需求比较旺盛，呈现供需平衡或供不应求的局面。随着西部大开发战略的实施，中西部地区的需求有所回升。而一些边远省区及经济欠发达地区的需求则明显不足。

（5）院校之间的不平衡。重点大学、名牌院校、名牌专业的"名牌"效应呈现优势，社会需求增长，其就业率也较高；而一般院校、一般专业的社会需求相对较弱。

（6）用人单位之间的不平衡。作为传统大学毕业生就业主渠道的国有大中型企业，引进大学毕业生的比例在逐年下降。政府机关及事业单位的用人指标有限，难以接受大量的大学毕业生。而"三资"企业、民营企业及高新技术产业企业的人才需求数量却连年增加。

2. 社会对大学毕业生的素质要求有所提高

目前，大学毕业生就业形成了买方市场，就业竞争越来越激烈，用人单位对大学毕业生的素质要求标准越来越高，选择大学毕业生也更加理性。许多用人单位已将综合素质作为评价大学毕业生实力的主要依据和择人标准。

3. 就业竞争日益激烈

一方面，大学生择业受到毕业时间相对集中、选择职业时间较短的影响；另一方面，近几年随着高等教育大众化，大学毕业生的数量不断增多，而社会的有效需求却在短期内增加有限，因而就业岗位有限，就业压力增大。

4. 以学校为基础的大学毕业生就业市场已基本形成

以学校为主体的就业市场，由于学校与用人单位常年保持着较密切的联系，供需双方专业较对口，学校的中介作用可以得到充分发挥，这样就使学校的就业市场签约率较高，市场的效益发挥较好，因其高效、可靠、真实、规范而受到大学毕业生和用人单位的普遍欢迎。

二、未来就业市场发展的 3 大趋势

2019 年，中国就业培训技术指导中心发布了《2019 年第三季度全国招聘求职100 个短缺职业排行》。这个排行榜是根据定点监测的 102 个城市公共就业服务机构人力资源市场制作的。根据该榜显示，未来最短缺的 100 个职业按类别来分：有 42 个属于社会生产服务和生活服务人员，有 36 个属于生产制造及有关人员，有 17 个属于专业技术人员，有 4 个属于办事人员和有关人员，有 1 个属于党的机关、国家机关、群众团体和社会组织、企事业单位负责人。这份榜单中的很多职业技术门槛并不高，求职者不来并非因为干不了，而是因为不愿来。由于很多职业的社会地位不占优势，所以许多人或多或少会产生职业偏见。

（一）平台型就业出现

"自然人"成为市场主体。目前，平台型就业已经成为基本就业趋势。在传统的就业方式下，员工受雇于特定企业，通过企业与市场进行价值交换，而平台型就业方式下，"自然人"通过虚拟账号就可以成为平台的服务方，与市场消费者连接，实现个人的市场价值。到 2020 年，就业渠道相应地从"生产经济"下的标准化向"消费经济、服务经济"下的个性化、多样化转型。就业组织方也从数量有

限的公司到无限的从业者转型。从业者从工业经济下的"千人一面"转变为"千人千面"。因此，随着平台型就业的出现，"自然人"将成为市场主体。在年龄结构上，"95"后和"00"后将成为就业的主力人群，年轻人对于就业的取向将会是"自由、灵活、创意、体验型"，在职业选择上也不再是定位于谋生。

（二）创业式就业成为新的就业方式

近年来，"互联网+"带来的新经济为创新、创业提供了更大的空间。随着信息技术和互联网的迅猛发展，未来互联网将成为年轻人创业的首选。在这样一种趋势下，未来的就业市场将是"互联网+"带来的新经济所创造出的更多新平台，而这些新平台将会给广大大学毕业生创造更多的就业岗位，有志者将会在这些平台上大展身手。

（三）共享式就业成为可能

在未来的就业市场上，平台经济是基础，共享经济是实质。共享经济打破了传统的全时雇佣关系，在使就业方式更加灵活的同时，也增加了就业渠道与岗位。共享经济给富有创造力的个人提供了一种全新的谋生方式，人们不必依托组织即可供应自己的劳动力和知识技能，使拥有弹性工作时间的个人和缺乏弹性劳动力的企业、机构均能利益最大化。同时，数字化网络平台也大大降低了交易成本，包括搜寻成本、联系成本和签约成本等。在新的就业方式中，就业与职业没有了边界，就业也可以不依赖雇佣组织。政府和社会应重新审视就业概念的界定，接纳新的就业形式，以促进多种不同形态的就业模式共同发展。

（四）电商企业对人才需求量将会逐渐增大

随着我国经济结构的调整和产业转型升级，电商企业迎来了新的机遇。电商企业在发展过程中，对传统行业，尤其是对传统销售行业造成了一定的冲击，在淘汰一些传统就业岗位的同时，也创造出大量新的就业机会，在促进就业、带动创业方面发挥了重要作用。由商务部、发展改革委、中央网信办3个部门联合发布的《"十四五"电子商务发展规划》中明确提出，到2025年电子商务相关从业者会超过7000万人的发展目标。另有调查报告指出，仅在2018年，阿里巴巴零售平台就为我国创造了4082万个就业机会，其中有1558万个交易型就业机会、2524万个带动型就业机会。预计到2025年，随着电子商务形成的完整产业链，对人才的需求量将会逐渐增大，尤其是营销推广人才、技术开发人才、高级管理人才需求旺盛。

第三节 大学生就业程序与途径

大学毕业生就业需要了解基本的程序。除了招聘单位招聘的主要程序、学校就业工作的基本程序外，更重要的是，要了解大学毕业生找工作的过程，事先了解清楚就能做到心中有数，提早准备，实现顺利就业。

一、大学生就业程序

全国普通高校毕业生就业工作程序和时间安排由教育部统一部署。中央各有关部委和各省、自治区、直辖市按照教育部的统一部署指导和管理所属高校毕业生的就业工作。

（一）学校就业主管部门的一般工作程序

高校毕业生就业指导中心根据上级主管部门统一部署的就业工作程序和时间，制定计划，统一安排和指导各院系部的毕业生就业工作。一般而言，毕业生就业工作程序包括：

（1）进行毕业生资格审查；

（2）收集、整理、发布毕业生供需信息；

（3）就业指导和就业教育；

（4）供需见面及双向选择；

（5）编制建议性就业方案，办理毕业生就业手续；

（6）按下达的就业方案办理毕业生就业手续；

（7）毕业生文明离校教育；

（8）调整改派及遗留问题处理。

表 5-2 记录了毕业生就业年的关键节点。

表 5-2　毕业生就业年的关键节点

时　　间	择业阶段	所做工作（内容）
7—8 月	基础准备	择业中所有个人佐证材料的整理与收集（如获奖证书、发表论文或作品、参加各种重要活动的照片等）
9 月	择业前准备	就业技巧的培训与提高；个人自荐材料的准备；面试的物质准备（如服饰和资金等）；信息表格的填写；了解就业政策；分析各种就业形势；锁定就业意向
10—12 月	第一择业高峰	应用获得的就业信息开始有针对性地择业应聘
次年 1—2 月	调整	总结和反思择业中的得失，调整择业心态和目标，力争择业能力的再提高
次年 3—5 月	第二择业高峰	再次为择业成功而努力。同时，这一阶段也是考研失利的同学择业的最佳时期
次年 6 月	岗前准备	根据已确定的职业角色要求，做好岗前准备，办理毕业离校手续

（二）大学生就业程序

在就业前，除了要了解主管部门与学校的就业工作程序外，大学毕业生还应对自己如何走好就业之路做到胸有成竹。

1. 了解有关的就业政策

认真分析就业形势，了解必要的就业政策，特别是就业地区和本校的就业形势与相关的就业政策，这直接关系到大学毕业生求职择业的成败。

2. 收集和处理就业信息

就业信息是大学毕业生求职择业的前提和必备条件。大学毕业生应当及时、全面地掌握有关就业方面的各种信息，并认真地对这些信息进行分析、筛选、整理，最终做出正确判断，明确求职择业的目标与方向。

3. 做好择业的思想准备和心理准备

要做好求职择业的思想准备，首先要解放思想，转变观念。目前，中小城市、乡镇基层单位、非国有企业已成为接收大学毕业生的广阔渠道。因此，大学毕业生应该更新就业观念，做好思想准备，以适应新的就业形势。同时，面对众多的竞争对手，也要做好心理准备，调整好面对激烈竞争的心态。

4. 准备自荐材料

根据自己的求职意向，准备好求职信、简历，以及各种证明自己学历、能力的自荐材料。

5. 参加各类招聘会

供需见面、双向选择是高等学校和用人单位协商落实大学毕业生就业计划而进行的一系列相互沟通的活动，是大学毕业生就业的重要手段。大学毕业生要积极参加各类招聘会，了解人才市场需求和用人单位情况，以筛选适合自己的就业目标。

6. 投递简历

根据自己的求职目标和用人单位的招聘信息，可以选择在招聘会现场或网上投递自己的求职简历。投递简历的数量比较多时，要做好投递记录，管理好自己的求职过程。

7. 参加面试和笔试

用人单位都需要通过一轮或几轮面试来做出最终选择。面试在整个求职过程中是最关键的一个环节，大学毕业生要充分重视并做好充足的准备。有的用人单位为测试求职者的知识和综合素质，除面试外，还要加以笔试来筛选适合本单位的人才。

8. 签订协议

大学毕业生与用人单位达成就业意向后，签订全国普通高等学校毕业生就业协议书，经学校毕业生就业工作管理机构审核后，列入就业方案。

9. 报到

根据协议约定，大学毕业生领取报到证、毕业证后，按时到就业单位报到，开始自己的第一份工作。

二、大学生就业途径

（一）校园招聘

校园招聘是用人单位的一种外部招聘途径，是指招聘组织（企业等）直接从学校招聘各类、各层次应届毕业生。校园招聘具有集中、快捷、高效、针对性强等特点，大学毕业生应给予足够的重视，并做好充足的准备，把校园招聘作为求职的首选渠道，以提高求职效率。通过校园招聘的渠道找工作，一般要经过以下几个步骤。

1. 广泛收集招聘信息，积极参加校园招聘活动

积极参加各类校园招聘活动，获取最新的招聘信息。

2. 递交应聘资料

应聘资料包括个人详细简历、学校成绩单、高校毕业生就业推荐表、个人近照、各类证书复印件等。然后根据用人单位的要求，可以通过以下方式提交：

（1）将应聘资料发送至招聘信箱。主题的格式为：学校—专业—姓名，如"×××大学—音乐学系—张××"，详细简历可通过邮件正文和附件同时发送。

（2）登录企业网上应聘报名网站，注册提交电子简历。

（3）提交纸质的应聘资料。

3. 进入初试

（1）初次面试。

请携带好以下物品参加初次面试：①个人详细简历；②学校成绩单（最好盖有学校公章）；③取得的相关证书；④足以说明自己能力的其他材料。

（2）笔试。

笔试主要考察面试者对专业知识的理解、接收新知识的能力、心理个性特征、综合知识的广度等。通常招聘单位会根据岗位需要有选择性地进行笔试。

4. 进入复试

通过初试者，招聘单位会通过电子邮件或电话等方式通知其参加复试，届时双方将会有更加深入的了解和沟通。

5. 签订就业协议

如果通过了简历筛选、初试、复试等环节，顺利签订就业协议后，大学毕业生便可以开启自己的职业生涯了。

（二）网络求职

1. 网络求职的形式

（1）专业求职网站。在专业求职网站上可查询到成百上千条招聘信息。一般来说，网站可根据求职者对地域、信息发布时间、行业、职位、薪金等具体要求提供相匹配的查询服务。同时，专业求职网站往往以专业的人才服务为背景，求职者可以在线填写简历，而这些简历将存入网站的数据库中，需要招聘的公司可以查询到符合要求的求职者信息。另外，还可以订阅电子杂志，主办电子杂志的这些网站会把最新的求职信息发到求职者的电子信箱里。

（2）公司自己的网站。大学毕业生如果有精准的求职定位，明确知道自己想在什么行业从事什么职业，最好能主动出击。首先进行市场调研，了解目标行业在特定省份都有哪些用人单位，在初步锁定目标行业、目标区域中比较心仪的用人单位后，可以直接到目标单位网站上去查看他们是否有招聘信息。比如，硕士毕业生小张打算毕业后回到家乡合肥，希望能进高校工作。结合目前的就业形势，考虑到自己有丰富的学生干部经历，并且很喜欢做助人成长的工作，她将求职目标确定为专职辅导员。因此，她逐一检索位于合肥的 10 所高校的网站，查看人事处发布的招聘启事，发现有 4 所高校在招聘专职辅导员，于是她按照招聘启事的要求投递了简历。

此举动虽然前期要耗费大量的时间进行市场调研和信息检索，但从求职效果上来看，还是比较好的，有助于找到比较满意的工作。

（3）政府主管部门为大学生提供的就业网站。这类网站不仅提供大量的招聘信息，还会为大学生提供求职应聘的其他服务。

教育部、人力资源和社会保障部等国家部委建有专门的网站，发布就业政策和就业信息。

①新职业网（http：//www.ncss.org.cn/），此平台由教育部主管，全国高等学校学生信息咨询与就业指导中心主办，全国高校毕业生就业网络联盟支持，是为全国大学生提供就业公共服务的立体化平台。

②中国公共招聘网（http://job.mohrss.gov.cn/），此平台由人力资源和社会保障部主办，其中有高校毕业生服务专区，提供实习、就业、专场招聘会等信息。

③中国国家人才网（http：//www.newjobs.com.cn/）是由人力资源和社会保障部全国人才流动中心主办的人力资源专业门户网站，设有高校毕业生精准招聘平台，为高校毕业生提供免费测评，并进行精准的人岗匹配。

（4）各省、市高校毕业生就业信息网。基本上，各省、自治区、直辖市的大中专毕业生就业指导中心均建有自己的就业信息网，网站名称组合一般是：省名+高校就业指导中心/高校毕业生就业信息网。具有代表性的省、市高校毕业生就业信息网如下：

①北京高校毕业生就业信息网（http：//www.bjbys.net.cn/），设有求职、创业、指导、招聘会等栏目。

②上海学生就业创业服务网（http：//www.firstjob.com.cn/），包括网上办事、在线求职和创业服务3个子网站。

③广东省高等学校毕业生就业指导中心（http：//job.gd.gov.cn/），设有政务公开、办事大厅、就业指导、创新创业、智慧招聘、基层就业等栏目。

各类高校毕业生就业信息网上提供的就业信息相对准确、可靠，公益性强，政策集中，具有很好的针对性，无论数量还是质量都具有明显的优势，这是毕业生最直接、最有效的获取就业信息的主渠道，应加以充分利用。

2. 网络求职技巧

（1）明确求职目标，选择最适合自己的网上招聘岗位。高校毕业生要根据自己的所学专业和掌握的技能、自身优势等进行正确的求职定位。然后针对自己的定位在网上选择最适合自己的招聘岗位进行网络求职。比如，有的招聘岗位明确要求有两年以上工作经验，那么应届毕业生即使投了简历也会被用人单位忽略。同时，也可将求职信息尽量发布在点击率较高的网站招聘专栏上，并捕捉人才招聘网页上随时发布的招聘信息，以便直接与用人单位联系。

（2）要把握好网络应聘的最佳时机。网络应聘最重要的一点是不能急于求成，要把握好时机，恰到好处。比如，赶在人最多的时候应聘，网络拥挤、网速慢，应聘结果会不理想。可以通过网络等手段了解用人单位的一些情况，如作息时间，然后选择用人单位网上招聘人员较空闲的时段及时应聘，这样得到的面试机会较大。

（3）电子自荐材料必须精炼，重点突出。电子简历是将简历通过电子邮件的方式发送给用人单位。电子简历必须放在 E-mail 的正文中，不能放在附件中（以防因计算机病毒等原因打不开），应尽量简明扼要，避免引发用人单位的阅读反感。电子简历应重点突出与应聘岗位吻合的各方面内容，引起用人单位的兴趣和重视。

（4）主动与用人单位联系。在网上招聘结束后几天，要主动通过 E-mail 或打电话询问情况，向用人单位表示诚意，也让自己心中有数。不管用人单位的答复如何，都应保持平和心态。

（5）谨防网络求职时受骗。在网络求职中，要提高警惕、谨防受骗。网上信息良莠不齐，一些别有用心的人利用大学毕业生求职心切的心理，在网上发布虚假的招聘信息，目的是骗取求职者的钱财。

3. 网络求职需要注意的问题

（1）选择可靠的网站。大学生应尽量选择大型、专业、知名的人才招聘网站进行浏览、注册。因为这些正规的网站都会对招聘单位进行审核，信息可信度相对较高，而且会对个人简历的重要信息（如联系方式、E-mail、家庭住址等）做一定程度的保密处理，只有向网站提供合法资质证明的招聘单位才能看到。

（2）简历填写要注意。进行网上求职的个人，应当按照该网站提供的简历模板将个人详细情况填写在相应的位置，不要将重要的个人信息留在不该填写的位置。在填写简历时，不要忽略个人简历的公开程度，尽量不要使自己的个人简历处于无条件公开的状态，这样会给一些不法分子提供可乘之机。

（3）真假信息的鉴别。有些公司不只采用一种招聘方式，可能会在网站、报纸、人才市场同时进行招聘。一般这类招聘的规模大，用于招聘的成本也较多，是比较可信的。而虚假招聘信息一般有以下特点：招聘单位的联系地址不详细或根本不留联系地址；联系电话为手机，没有固定电话，或固定电话接通后为空号；对招聘条件的要求非常低，而工资待遇却异常高；以各种理由收取求职者的费用。这些招聘信息很可能是虚假的，同学们要慎之又慎。

（4）电话联络要慎重。对待陌生的电话（包括通知面试的电话和其他陌生询问电话），不要回答太多的个人问题，而要尽量了解该公司的相关信息。对于通知面试的电话，一定要对公司的地址及面试地址进行核实，以辨别其是否是皮包公司。

（5）面试的防御措施。

①注意面试场地。正规招聘单位一般都有固定的办公场所。若招聘单位将面试地点选在宾馆等临时租借来的场地，那么同学们要高度注意，谨防上当受骗；若要求到外地或很偏远的地方面试，在对招聘单位没有详细了解的情况下，一定不要贸然行动，如果在外地受骗，所遭遇的困境会更麻烦。

②注意面试时间。要将面试时间约定在白天，不要安排到晚上。如果招聘单位将面试时间定在晚上，为保证自己的人身安全，特别是女同学，一定要和该单位协商将面试时间改到白天的工作时间。

③在面试之前应多方面、多渠道地了解该公司的情况及背景，看看该公司是否正规，业务是否合法，是否拥有合法有效的营业执照和经营许可证，是否有不良记录等。

（三）国家基层就业项目

1."三支一扶"

"三支一扶"是指大学生在毕业后到农村基层从事支农、支教、支医和扶贫工作。这是贯彻落实党中央、国务院关于引导和鼓励高校毕业生面向基层就业战略部署的重要举措，是落实高校毕业生就业政策、全方位促进就业的重要内容，是解决农村基层人才贫乏、加强基层人才队伍建设的重要途径。

从 2006 年起，相关部门每年招募 2 万名左右的高校毕业生，主要安排到乡镇从事支教、支农、支医和扶贫工作。工作时间一般为两年，工作期间给予一定的生活补贴。待工作期满后，自主择业，择业期间可享受一定的政策优惠。其目的在于为高校毕业生向基层单位落实就业问题提供具体的保障。

2. 西部计划

根据国务院常务会议和全国高校毕业生就业工作会议精神，从 2003 年起，教育部、财政部、人力资源和社会保障部联合实施大学生志愿服务西部计划，每年招募一定数量的普通高等学校应届毕业生或在读研究生，到西部基层开展为期 1~3 年的工作，从事基础教育、农业科技、医疗卫生、基层青年工作、基层社会管理、新疆专项、西藏专项 7 个专项的志愿服务工作。凡大专及以上学历，毕业学校为教育部最新公布的《全国普通高校名单》中所列高校的应届毕业生或在读研究生均可报名参加西部计划。不在名单范围内的高校应届毕业生、未毕业的学生，以及往届生等暂时不在招募范围之内。

高校项目办收到学生报名登记表后，应及时对报名学生的情况进行审核，并组织报名学生开展笔试、面试，选拔志愿精神突出、笔试面试成绩优秀、专业符合岗位要求的学生进行岗位对接。岗位对接之后，参加统一体检。体检之后，学校将公布录取名单并公示 3 天。若无异议，将名单上报招募省项目办。6 月下旬，全国项目办委托各招募省项目办向志愿者发《确认通知书》。志愿者可在信息系统中查询到自己的录取信息。如果入选西部计划，状态显示为"已录取"。7 月上旬，全国项目办汇总审定新到岗服务志愿者名单。

3. 特岗教师

特岗教师是中央实施的一项对西部地区农村义务教育的特殊政策，通过公开招聘高校毕业生到西部地区"两基"攻坚县、县以下农村学校任教。引导和鼓励高校毕业生从事农村义务教育工作，创新农村学校教师的补充机制，逐步解决农村学校师资总量不足和结构不合理等问题，提高农村教师队伍的整体素质，促进城乡教育均衡发展。

第六章　大学生职业适应与发展

　　走出校门、走上社会是大学生人生发展中的重大转折点，是从"自然人"向"社会人"过渡的重要阶段。学校和社会是有差距的，其运行规则和社会的运行规则有很大不同。这种环境的隔离，往往使"象牙塔"里的大学生对社会的看法趋于简单化、片面化和理想化。面对与以前截然不同的生活环境和人生阶段，如何更好地适应新的工作环境，转换角色，完善自我，是大学毕业生初入社会时面临的一个全新课题。

第一节　大学生的角色转换

　　每一位即将或刚刚开始工作的大学毕业生都希望自己能够在崭新的工作岗位上很快就有优秀的表现，做出自己的一番事业与成就。但是我们所看到的更多现实情况是，很多大学毕业生会发现自己不能很好地适应与大学生活截然不同的全新环境，不能很好地融入组织，以致工作难以开展。其实，这些问题的出现都与大学毕业生的角色转换有关，只有真正认识到自己已经不再是一名生活在"象牙塔"中的学生，重新对自己进行正确的定位，并且了解作为一名职业人应当做什么和怎样做，才能在新的环境中很好地立足与发展。

一、学生角色与职业角色

(一)学生角色与职业角色的概念

1. 学生角色

我们这里说的角色,事实上特指的是个体社会角色。社会角色是由人们所处的特定社会地位和身份所决定的一整套规范体系和行为模式,是人们对具有特定地位的人的行为的一种期望,它是社会群体的基础,并随着社会实践的发展而不断更新内容。社会角色是社会赋予人的社会权利和义务,它反映了每个人在社会中的地位和在人际关系中的位置,代表了每个人的身份。这其中就包括学生时代的学生角色和踏入社会后的职业角色。学生角色和职业角色是两个完全不同的社会角色,因为作为学生和作为职业人,两者的社会权利与义务是不同的,所代表的身份有着根本的区别。

大学生是学生角色中的一个典型代表群体。在大学期间,学生的主要职责是学习各种专业知识,掌握各种生存技能,发展智力、求学成才是关键任务。虽然大学生已经开始享有绝大部分的社会权利,也需要履行同等程度的社会义务,但社会对大学生的要求更多是接受教育、完成好学业,为今后投身社会工作储备能量。在经济能力方面,由于这一时期主要还是以学习为主,生活重心也主要局限于校园环境,因而绝大多数的大学生还没有完全独立的经济能力,经济来源仍然主要依靠家庭。在人际关系方面,大学校园是众所周知的一片净土,无论是同学、朋友还是师长,大学生几乎都不需要过多的顾虑与防备,可以自由地畅所欲言,可以不带任何伪装来表达自我和展露情感。

学生角色适应是学生的学习行为及学习心理品质与社会结构及社会互动过程协调。能很快适应的学生,敏于感受和内化社会需要和教育期望,自主、积极、能动地完成学习任务,善于处理好学校、班级和课堂中的人际关系,体现个人价值,并在学习集体中赢得相应的社会地位。

2. 职业角色

与学生角色相比，职业角色就复杂得多，也更加具有个人色彩。所谓职业人就是参与社会分工，自身具备较强的专业知识、技能和素质等，并能够通过为社会创造物质财富和精神财富，而获得其合理报酬，在满足自我精神需求和物质需求的同时，实现自我价值最人性化的一类群体。一个完全的职业者，最主要的社会职责就是在自己的职业岗位上发挥专业知识和能力，为社会服务并同时获取自我的物质价值和精神价值，与学生相比，需要承担更多的社会责任，甚至是成本和风险的责任。在经济方面，进入职业角色就意味着经济的独立，没有理由再依赖家庭和他人的帮助，这也是职业角色比学生角色更加具有功利性的重要原因之一。在人际关系方面，职业角色要承担更复杂的人际交往，社会上的人际关系相对于学校要繁杂的多，也更微妙，对生存艺术提出了更高的要求。

（二）学生角色与职业角色的区别

学生角色与职业角色的区别有以下 5 个方面。

1. 活动方式不同

学生主要以学习书本知识为日常活动。作为受教育者，其认识社会的途径是间接的，认识的内容主要也是理论性的。同时，由于在校期间，学生更多的是接受外界的帮助，缺乏自主能力。因此，当学生进入社会时需要有一个职业的转变。

而职业角色则不同，它要求运用自己掌握的知识和能力，通过具体的工作向外界提供自己的劳动。同时，在遵纪守法和遵守用人单位规章制度的前提下，职业角色在生活上也有较大的自由度。

2. 社会责任不同

社会角色的义务是指角色的社会责任。学生角色的主要责任是学好科学文化知识，掌握社会生活的基本技能，逐步完善自己，以便将来为社会服务，实现自己的人生价值。

职业角色的责任则是以特定的身份去履行自己的职责，依靠自己所掌握的知识或技能去创造社会效益和经济效益。两种角色分别承担着不同的责任。

学生角色责任的履行，主要关系到学生本人掌握知识的多少和能力培养的程度。职业角色责任的履行则影响非常大，不仅影响着个人价值的实现，还会影响到企业、行业的声誉。例如，作为一名医生，如果医术精湛、医德高尚，能充分履行自己的职责，不仅能为医生树立风范，而且还会给所在的医院带来声誉；反之，则会损害医疗工作者和医院的形象。

由此可见，从学生到职业人员的角色转变，角色所担任的社会责任增强，社会对职业人员的责任心有着更高的要求。刚刚走出校门的大学生往往不能适应这种转换，就说明他们还没有认识到自己的角色已经发生了转变，更没有意识到自己所担负的社会责任也增强了。

3. 社会权利不同

学生角色的权利主要是依法接受教育，并且取得家庭或社会的经济资助。而职业角色的权利则是在开展工作的过程中依法行使职权，并在履行义务的同时获取报酬和其他相应的社会福利待遇。

4. 社会规范不同

角色规范是对角色扮演者的行为规定。对于不同的社会角色，会有不同的行为规范和要求。

学生角色是从教育和培养的角度出发规范学生的行为，如通过制定学籍管理条例、学生生活管理条例等规章制度，对学生的学习和生活提出相应的要求，以引导学生健康成长，使其日后成为社会主义合格的建设者和接班人。

职业角色是对从业者行为模式的规范，因为职业的不同而千差万别。这些模式既具体又严格，一旦违背就必须承担责任，甚至追究法律责任。

5. 全面独立的要求

从学生到职业人员的角色转换，对其独立性要求也相应有了提高。在学生时代，学生在经济上主要依靠家庭的资助；在生活上依赖家长的关照；在学业上习惯了老师的指导，总是处在被人扶助的环境之中。毕业后离开学校，开始自己的职业生涯后，全面独立的要求主要表现在以下几个方面。

（1）由于有了工作报酬，经济上逐步成为独立者。

（2）工作上要求能够独当一面，不再依靠家庭和老师。

（3）学习上要会自我安排，在自己日常的工作和生活中通过自身的体验来了解和认知社会。

（4）生活上要会自己照顾自己。

这些要求不仅使学生学会依靠自身力量，也为学生的发展和自身完善提供了更加广阔的空间和自由度。

（三）从学生角色到职业角色的转换的意义

人的职务或职业生涯会不断变化，角色也会随之发生变化。因此，角色转换是对作为个体的人在社会关系中的动态描述。

大学生告别校园，走上工作岗位，意味着他们已经脱离各方面的监护，开始独立自主地生活。因此，大学生能否尽快地从学生角色融入职业角色，实现角色转换，对大学生的职业能否成功影响深远。

1. 有利于尽快适应职业生活

在新的工作岗位上，大学生面对崭新的工作条件和生活环境、现实化的专业内容、复杂的人际关系，谁能尽快实现角色转换，谁就能较快地适应社会，并掌握成功的主动权。大多数大学生希望能较快度地过适应期，独立、愉快地开展工作。但相当多的大学生常常在一两年内都难以适应和胜任工作。为此，有的大学生变得迷惘消极、自暴自弃，甚至不断地换工作。此时，就需要大学毕业生正视自己、面对现实、脚踏实地，这也是度过适应期的关键。

2. 有利于在人才竞争中脱颖而出

竞争性是市场经济的一个基本特征。市场竞争是无情的，适者生存、优胜劣汰是不以人的意志为转移的客观规律。初为职业人时，必然会面临来自各方面的挑战和竞争，只有尽快将所学的理论知识应用于实践中，并不断提高自身素质和能力，快速进入职业角色，然后熟练开展工作，才能在激烈的人才竞争中脱颖而出。

3. 为今后的发展打下良好的基础

从学生到职业人的转变，实质上是从理论落实到实践的过程。能否较快且顺利地实现角色的转变，反映了大学生潜在素质和能力水平的高低。以积极的态度顺应职业工作的需要，主动适应岗位的要求，努力完善自己，将为今后的发展打下扎实的基础。

从学生角色到职业角色的转换，本质上就是社会化的过程，是新参加工作的大学毕业生学会如何在组织中行事，逐步了解和认同组织的价值观，具备组织所需的能力及社会知识，从而在组织中担当某种角色，真正成为组织一员的过程。个人的社会化应达到的目标如下：

（1）业务熟练，通过学习熟悉所从事的工作。

（2）与组织其他成员成功地建立和谐关系。

（3）全面了解正式或非正式工作关系，以及组织内部权力结构。

（4）掌握组织独有的专业术语及缩略语、行话等。

（5）了解特定的组织目标和价值观。

（6）理解和赞成组织的传统、习惯、仪式等，并熟悉组织重要成员或有影响力成员的个人背景和工作经历。

二、角色转变的几个阶段

（一）成长、发展、探索阶段

一般 0～20 岁处于这一发展阶段。此时的主要任务如下：

（1）发展和发现自己的需要、兴趣、能力和才干，为进行实际的职业选择打好基础。

（2）学习职业方面的知识，开始寻找适合自身的角色模式，获取丰富信息，发展和发现自己的价值观、动机和抱负，并做出合理的受教育决策，将幼年的职业幻想变为可操作的现实。

（3）接受教育和培训，接受工作中所需要的基本习惯和技能的培养。在这一阶段所充当的角色是学生、职业工作的候选人、申请者。

（二）进入职场阶段

16～25 岁的人步入该阶段，此时的主要任务如下：

（1）进入劳动力市场，谋取可能成为一种职业基础的第一项工作。

（2）个人和雇主之间达成正式可行的契约，个人成为一个组织或一种职业的成员。这一阶段充当的角色是应聘者、新学员。

（三）基础角色培训阶段

处于该阶段的人同样为 16～25 岁，但与正在进入职业工作或组织阶段不同，开始担当实习生、新手的角色，迈进了职业或组织的大门。此时的任务如下：

（1）了解、熟悉组织，接受组织文化，融入工作群体，尽快取得组织成员资格，成为一名有效的成员。

（2）要适应日常的操作程序，应对自己的本职工作。

（四）成为正式职员阶段

此阶段的年龄为 17～30 岁，取得组织新的正式成员资格。此阶段面临的主要任务如下。

（1）承担责任，成功地完成与第一次工作分配有关的任务。

（2）发展和展示自己的技能和专长，为提升或进入其他领域的横向职业成长做好基础准备工作。

（3）根据自身才干、价值观，以及组织约束和机会，重估当初追求的职业，决定是否留在这个组织或职业中，或者在自己的需要、组织约束和机会之间寻找一种更好的平衡。

三、角色转换的具体内容

（一）对立面的转换

人的职务或职业生涯会不断变化，角色也会随之发生变化，因此角色对立面的转换是对作为个体的人在社会关系中的动态描述。大学生告别校园，走上工作岗位，意味着他们已经脱离各方面的监护，开始独立自主地生活，因此会出现以下3点变化。

1. 从"需求"到"给予"

大学生要转换成职业人，必须先"给"，否则什么也"要"不到。将索取的心态变成贡献，这是成为职业人的关键。从企业的角度来说，企业对人的判断有两个要求：一个叫潜力，看你未来成长的空间；一个叫贡献，你的加入对这个团队能产生什么样的价值。作为职业人，应考虑我们能为单位带来什么。

2. 从"随便犯错"到"不能犯错"

大学毕业生从校园走上社会成为职业人，如果工作失误，会造成重大经济损失，没有挽回的机会；如果与同事关系不好，会被组织认为没有团队合作精神，将成为出局的人；如果经常迟到、旷工，耽误的是整个团队的业绩，随时有被开除的可能。作为职业人，在单位必须成为社会、企业或老板财富的创造者。

3. 从"学习别人"到"自我成长"

在大学中或者在以前的学习生涯中，我们都有老师和家长的引导，他们教给我们知识，我们只需要认真学习就可以达到作为学生的目的。但现在我们成为职业人，没有人可以告诉我们应该如何做，我们要通过自己的不断实践找准自己的发展方向，做到自我成长。

（二）自我成长的转换

人生有很多转折，但对一般人而言，从学校到社会，从学生到员工就是一次重大的人生转折，需要做很多方面的转变和适应才能胜任工作，取得成就。

1. 生活环境的转变

虽然大学已由过去神圣的"金字塔"变为当今的"小社会"，但对大多数学生而言，学校仍然是一个优雅、宁静、单纯的乐园，他们在这里过着简单而快乐的生活，许多人甚至是单调的"三点一线"模式，对社会知之甚少，乐观单纯，涉世未深。而且在学校上课、生活更多的是集体方式，个人虽有自由，但独立性、个体性的能力相对较差。而一旦走向社会，真正参加工作，他们每个人将面对各种不同的、各式各样的环境、条件和人群，生疏、孤单，甚至恐惧一开始就会扑面而来，使他们无所适从，茫然不知所措。只有随着时间的推移，才能慢慢地转变和适应。

2. 角色心理的转变

从学生到员工或者干部，是一个跨度很大的角色转换，对刚参加工作的大学生而言，需要费很大的力气才能完成。因为学生时期主要是接受各种知识，接受教育和管理，总体上处于被动和接受的角色。而一旦参加工作，就可能成为不同类型的教育者、管理者和指挥者。教育和被教育、管理和被管理、指挥和被指挥，这种角色换位，包括责任担当都是有很大区别的。例如，学生错了主要是教育和原谅，员工错了主要是惩戒和处罚，这就要求刚工作的大学生，从心理到身份对自己进行一个全面的调整和转变，知道自己不再是天真活泼的大学生，而应该成为一个可独立工作、思维严谨、有担当责任的员工。

3. 行为举止的转变

大学生和员工的行为举止是完全不同的两种不同类型。大学生天真活泼、富有个性，一切都是那样的自然美丽，充满了"学生娃"的活力与朝气。而员工则总体要求衣着得体，举止大方，言谈适度，彬彬有礼，活泼而不轻狂，朝气蓬勃而不失稳重端庄。所以，要由"学生娃"转变为"新员工"，所有行为举止都要在新环境中不断改变。在企业文化的熏陶下潜移默化地转变，直到完全融入这个群体，才能真正"像"这个单位的人。

（三）适应新环境的转换

除了以上讲到的几个转变以外，大学生到新单位的主要任务是从头开始尽快适应和做好工作。

1. 俯下身子，从小事做起

大多数大学生在工作前都有美好的理想和雄心壮志，但到单位，发现有的专业不对口，用非所学，有的只是从事烦琐的或没有技术含量的简单劳动，枯燥无味，根本不能发挥自己的才能，感觉埋没了自己。从满怀希望变为失去信心，这是很正常的，也是可以理解的，但目前必须要面对现实，俯下身子，从小事做起，这样有利于自己的成长，也会改变同事和领导对自己的看法，走好了这一步，今后的路会走得更快、更顺、更好。

2. 勇于奉献，礼貌待人，乐观处事

刚参加工作的时候，最好不要多讲条件，要勇于奉献，不要怕吃苦，也不要怕吃亏，要乐观地对待失败和挫折，不断总结经验，吸取教训，使自己成熟、长大，要礼貌待人，学会宽容和忍让，使自己心胸豁达，富有涵养。这对塑造自己的人格和以后的发展都大有益处，也是练好"内功"的基础。

3. 树立全局意识，搞好团队合作

全局意识是单位每个员工都必须具备和服从的基本理念，一切为大局着想，在搞好团队合作的前提下，充分发挥个人的作用。不要不顾大局，不搞合作，过分突出和表现自己。这样做的新员工会成为个人英雄主义者，甚至被非议和孤立，也不可能做出很大的成绩。只有树立全局意识，努力搞好团队合作，才是个人走向成功的保障和基石。

（四）进入职场后的转换

在新的工作岗位上，大学生面对崭新的工作条件和生活环境、现实化的专业内容、复杂的人际关系，谁能尽快实现角色转换，谁就能较快地适应社会，并掌握成功的主动权。

1. 树立目标理想，脚踏实地

大学生富有朝气，有目标，有理想，有创造力和想象力，这是成功的希望所在。但是在树立雄心壮志的同时，一定不能眼高手低，必须一步一个脚印、脚踏

实地、勤勤恳恳、兢兢业业、认真负责地做好每一项工作。只有在一件件平凡细小的工作中，才会积累才干、增长知识、熟悉业务、积蓄实力，逐步实现自己的目标和理想。

2. 努力发挥才能，学习他人的长处

人无完人，每个人都有自己的长处和短处。大学生到了新单位，要努力发挥自己的才能，也要虚心学习他人的长处，取长补短，完善自己；要乐于团结，帮助别人，在别人身上学到自己没有的知识；也要谦虚谨慎，不骄不躁，在尊重别人的同时，赢得大家的认可和尊重，为自己建立良好的群众基础和宽松和谐的工作环境，这样做，自己才能身心愉悦地不断发展，并取得成功。

3. 组织关怀培养，个人发奋图强

每个人都有由幼稚到成熟、由弱小到壮大、由无名小辈到有一番成就的成长过程。对于刚参加工作的大学生，单位和组织应该积极热情地关心和培养他们，从生活待遇到工作业务，甚至个人情感和心理方面全方位、亲人般地关心和培养他们，使他们有"家"的感觉，感到自己和企业息息相关，荣辱与共，他们就会拿出百倍的努力、万分的热情，全身心地投入工作，自觉地把自己当成其中的一员。同时，个人也要不断地奋发图强，努力奋斗，为单位做出自己应有的贡献，实现自己的人生理想，为单位发展增光添彩，铸造辉煌。

总而言之，大学生转变角色、适应工作岗位涉及本人和所在单位两方面因素，而且每个单位的具体情况也有所不同，很难做到强求一致，要具体情况具体分析、具体对待。

四、角色转换的途径与方法

许多大学毕业生走上岗位以后，会产生对新环境的诸多不适应，主要表现为

心理生活、工作、人际关系和工作技能等的不适应。任何人对环境都有一个适应过程，怎样才能尽快适应新环境呢？

1. 要有良好的心态和心理承受能力

社会与学校相比，生活环境、工作条件、人际关系都有着很大的变化，难免使一些心存幻想、踌躇满志的大学毕业生产生心理反差。大学生血气方刚、热情奔放，希望自己处处表现出色，但事实却往往事与愿违，难免使他们倍感失落、郁闷。这时，具备良好的心态和心理承受能力就很重要了，大学生应抱着谦虚好学的态度，从基础做起，逐步获得领导和同事的认可。

2. 增强独立生活能力

大学时期，经济上靠父母资助，生活上有学院管理，学业上有老师指教；参加工作后，往往要自己处理衣、食、住、行等全部事务，一切靠自理、自立，这是大学毕业生无法回避的一种能力训练。要学会主动调节生活节奏，养成良好的生活习惯，合理安排自己的业余生活，才能适应新环境。

3. 建立良好的人际关系

学生走向社会，到了一个新的单位，往往会遇到各种各样的难题，需要同事们的配合和支持，大学毕业生进入新单位后要建立和谐的人际关系，做到少说多观察。良好的人际关系会缩短职业适应期，减轻工作难度和心理负担。因此，掌握处理人际关系的技巧，建立良好的人际关系是适应环境的关键。大学毕业生应放下架子去和周围的同事、领导交流思想感情，热心地和他们交朋友。不善于与人交往，难以沟通，难免将自己封闭起来，以致带来诸多烦恼与痛苦。

4. 培养应对挫折能力

首先，以平静的心态面对挫折，保持一颗上进心，抓住机会展现自身的才能。

其次，以正确的态度分析挫折，借挫折来磨炼自己的意志品质，强化自己的心理承受能力。最后，遭受挫折时应该首先想到依靠自身的努力摆脱困境，以坚强的意志战胜挫折。

5. 增强角色意识

社会好比一个大舞台，每个人都有自己的角色位置。大学毕业生进入新单位后，首先应认清自己在工作环境中所承担的工作角色以及这个角色的性质、职责范围，弄清楚工作关系中上级赋予自己的职权和自己应承担的义务。如果角色意识淡薄，一意孤行，我行我素。该请示的擅自做主，该自己处理的事情不敢做主或推给上司、同事，势必与新环境格格不入。

6. 加强继续学习，完善知识结构

刚步入社会的大学生，要使自己胜任工作、适应环境必须不断学习新知识，完善自己的知识结构，不断地接受职业继续教育。接受职业继续教育指的不仅是行业内容的知识和技能，还要了解相关行业的知识和技能。同时，还要通过各种有效的学习途径提升自己的综合能力。

7. 努力成为"复合型人才"

刚步入社会的职业人，一般要经历新鲜、兴奋、观察、思考、协调、发展这样一个变化过程。大学培养的是专门人才，而实际工作中碰到的问题往往是综合性的，涉及多学科、多领域的知识。社会需要的是"复合型人才"，因此，要使自己胜任工作、适应环境，只有随时调整自己的知识、能力结构和思想行为方式，才能不因工作中出现困难而止步不前。因为社会不仅看学历和文凭，更看重的是能力。

8. 具有敬业精神

作为职场新人，在完成了从在校学生到职场人士的转变后，只有通过敬业的

工作，才能在企业中占据一席之地。新人是否敬业，直接决定了能否在职场生存下去。

总之，初涉职场的大学毕业生应充分认识自己，知道自己的优点与缺点、优势与劣势，在这样一段特殊的转换时期内保持上进心，完成角色的转变。

五、角色转换过程中应该注意的问题

个体的社会角色发生变化时，新旧角色转换过程必然伴随着不同角色之间的相互冲突。这种角色冲突是普遍存在的，因此，在学生角色转换为职业角色时也不可避免地会出现各种各样的问题。

1. 依赖他人心理

在职业生涯开始时，许多人常常会自觉或者不自觉地置身于学生角色中，以学生角色的社会义务和社会规范来要求自己、对待工作，以学生角色的习惯方式来待人接物，观察和分析事物。

2. 自负或自卑心理

一些大学毕业生对自我的认知存在偏差，认为自己接受了多年的高等教育，应该在各方面都具有良好的条件，因而盲目自信。这种心态很容易使大学毕业生进入职场后出现"纸上谈兵"、眼高手低的问题。

很多大学毕业生在初入职场的阶段，因为不知如何适应新的工作环境，会表现得怯懦和自卑。

这些问题都反映了大学毕业生没能顺利地从学生角色转换为职业角色，这必然会对大学毕业生的职业适应能力和后期的职业发展造成各种不良影响。因此，在两种角色的过渡阶段，大学毕业生一定要谨慎对待，同时应采取必要的方法帮助自己平稳转换角色。

3. 浮躁心理

有些刚参加工作的大学毕业生往往弄不清自己在工作中真正需要什么和能做什么。因为大学毕业生在角色转换初期的浮躁,对工作的兴趣总是不能持久,并且习惯把这一问题推脱为他人的责任,认识不到自己的问题所在。

第二节 适应工作新环境

一、工作环境

1. 工作环境的含义

工作环境广义上指与工作有关的物理环境和社会环境;狭义上指人的工作地周围的物理环境,如办公室、工厂、车间、工场等。对于工作环境,可从个体的、人际的和组织的3个层次进行分析。个体水平的分析集中在对工作直接发生作用的环境条件,如办公室或车间的大小、照明、通风、噪声等。

人际水平的分析主要致力于分析工作空间对交谈的便利程度和工作空间的象征性作用(指工作空间反映使用者在地位、身份上的特征)及工作区城的布局特点等。组织水平的分析包括最大范围的物理环境,集中于分析建筑的内部结构和外部布局,工作单元(如车间)的远近、包围程度等。

2. 工作环境的重要性

对于刚从校园招聘脱颖而出的入职新人来说,工作环境在很大程度上影响着求职者的入职积极性,以及能否快速融入工作团队。当然,这不仅仅是对新员工而言的,对老员工而言也是一样的。良好的工作环境能让员工更有饱满的工作热情和持续的工作动力，并且能够使其更加全身心地投入工作中，同时也更利于员工产生更多发散性的思维。反之，如果工作环境恶劣，那么员工对待工作则会失去热情和信心，不利于员工的稳定性，会降低员工的活跃性。

二、适应工作新环境

大学毕业生在转变角色的同时，也就意味着要适应工作新环境。很多大学毕业生都会在此刻踌躇甚至慌张。事实上，工作环境并非很多同学都担心的那样处处是陷阱、凡事皆棘手。只要做好以下最基础而又最重要的几个方面，自然能够顺利地适应新环境，新职业人也同样可以成为工作岗位上的佼佼者。

（一）树立良好的个人形象

几乎没有人会否认个人的良好形象在社会中的重要性。良好的个人形象是人际交往的重要资本。个人形象的范围广泛，包括外貌仪表、言行举止，通俗来说，就是个人看起来如何、说话怎样，以及在待人接物方面的表现怎样。大学毕业生在初到工作岗位上时，要先学会看看镜子中的自己，就是事先了解应该如何获取良好的形象。这其中至少要注意两个方面：一是注意自己的外表和体态语言；二是了解自己的优势与劣势，懂得从哪些方面塑造自己的形象。

外表和体态语言虽然较为表面与主观，但是却在第一印象中占有几乎最重要的分量。作为职场新人，大学毕业生一定要注意自己的着装打扮，关键是要符合自己的职业身份和个性特点。无论从事的是哪种职业类型，只要工作性质允许，还是应适当地进行颜面修饰，适度的淡妆反而比素面更能使人显得精神焕发。衣着也是如此，尽可能地学会摆脱学生时代的稚嫩装扮，选择一些合适的职业装，能给你的个人形象加分不少。总的来说，做到成熟、稳重和大方是使自己的外表装扮最适合职业环境的不变原则。同时，在注意外表的同时，还要注意自己的体态语言。例如，经常性地保持微笑，并且是发自内心的笑容。不要总是一脸严肃，这会让他人觉得难以接近而和你疏远，这些小的细节都会直接影响他人对你的第一感受。

在保持自我形象方面，正确了解自己的优势和劣势是决定因素。外表和举止是外在方面，并不代表个人形象的全部内容，个性因素则是个体形象中非常关键的内在方面。虽然一个人的个性特点很难在短时间内有明显的改变，但是可以通过了解自己的优势与劣势，尽可能地展现自己的优点，同时用优点补足自我缺陷，从而在与他人的交往中表现最优的自我形象。

（二）建立和谐的人际关系

作为一个社会人，每一个个体都不是完全独立的、封闭的，无时无刻都有机会与他人接触、相处，大学生走出校园踏入职业社会中更是如此。许多刚刚参加工作的甚至是已经入职多年的职场人都发现，在职场这个大集体中，往往并不是简单地做好自己就足够了，要学会与周围的人相互沟通与交流，比自己盲目地埋头苦干更有帮助。

有相当一部分初入职场的大学毕业生都会对如何处理职场中的人际关系感到困惑和苦恼。例如，当面对领导时应当如何表现、如何反应，当与同事言语行为接触时又有哪些禁忌和法则。事实上，人与人之间的关系虽然复杂，但当把握一定的为人处世原则后，人际关系也可以变得很简单。美国著名的人际关系学大师卡耐基曾提出有关人际交往的 5 个重要法则，分别是："互惠互利"是人际交往的根基；记住他人的名字；学会真诚地赞美别人；当一名好听众；微笑具有神奇的力量。

（1）所谓互惠互利，并不是指人与人相处都是带有功利性、有目的的，而是提示我们在与人相处时要时刻带有感激之情，懂得对他人表示友好在先。只有抱着这样的心态与人相处，才会同时获取对方的尊重与友好。

（2）记住他人的名字是非常实用且有效的方法之一。事实上，能否记住名字或面孔本身就是对他人是否尊重和重视的检验。有时候不是你的记性不好，而是没有用心对待。进入工作环境后，大学毕业生要能够尽快记住同事、领导的名字与面孔，这样既能避免见面时不知如何应对的尴尬，又能让他人感受到你的平易近人，为你建立和谐的人际关系。

（3）如果想在人际交往中得到别人的好感，就要学会在恰当的时机用恰当的方式赞美他人。所谓恰当，就意味着一定要真诚，发自内心。大学毕业生在初进单位时，常出现的情况是羞于大胆地夸奖他人，担心别人质疑自己的动机，抑或是因为难以发现他人的优点而不愿做表面工作。事实上，并不需要有太多顾虑和担忧，只要懂得和人相处时保持低姿态，就会很容易发现别人的长处，从而不得不发自内心地给人以称赞。

（4）当一名好听众也是在人际交往中获取好感的重要砝码。与人相处不但要懂得会说话，更要懂得倾听，因为每个人都希望别人能够听取自己的想法，理解自己的情感，并且获取他人的理解与支持。作为职场新人，更要学会听别人讲话，尤其是在领导、同事与自己沟通的时候。

（5）微笑的力量是我们每个人都深深理解和认可的。有的大学毕业生可能会认为自己是个内向谨慎、沉默寡言的人，便不擅长在陌生环境中展示微笑。其实发自内心的笑容并不难做到，正如对别人的赞美一样，只要真诚就能获取他人的好感。

总之，刚刚进入职业新环境的大学生，要尽可能主动地与他人沟通与交流，切忌独来独往、沉默寡言，这样既不能帮助自己尽快地适应新环境，也会阻碍领导和同事对你的了解。

（三）疏导初入职场的压力

对每一位初入职场的大学生来说，没有压力是不现实的，适当的压力会成为督促进步的原动力。但是，当压力过度而又无法释放时，则会容易出现各种各样的情绪问题，而带着不良的情绪工作必然会影响工作。因此，当大学毕业生在踏入职场后出现各方面的不适应时，应当采取措施释放压力，而非逃避压力。

首先，寻求好的解压方式非常重要，有效的解压方式能够很好地缓解各种压力带来的负面情绪。其中，自我放松就是一种比较理想的解压途径。当心理压力过大并难以承受时，可以试图每天给自己一点空隙用以放松。放松的形式非常多，包括深呼吸、慢跑、听音乐，甚至睡眠等。例如，每天晚上在工作之余花上一点时间记录一下自己今日的状况，进行一下自我反思和鼓励，将不良情绪转化为明天继续奋斗的动力。也可以在临睡前听一些舒缓的轻音乐或者只要是自己喜欢的音乐即可。床头放上一本最喜欢看的书，一方面促进睡眠，另一方面可以通过读书抛开白天工作上的烦恼。

除了放松的方式外，倾诉也是一种良好的解压途径。当心情烦躁难以自控时，可以立刻记录下此时此刻的感受，很多时候人能够在书写的过程中逐渐冷静下来，甚至发现一些本质的问题。除了可以自我倾诉外，还可以选择向身边的好友或家人倾诉，及时化解不愉快的情绪，获得别人的情感支持。因此，紧张工作之余一定不要将自己闭塞起来，朋友往往能成为缓解自身压力的一剂良药。

放松和倾诉都是疏导压力的好途径，但更重要的是从根本上查找问题，也就是寻找压力源，改变认知观念。压力的来源一方面来自外界的客观原因，另一方面则是由于个体自身的认知偏差所导致的。例如，完美主义者总是以过高的标准要求他人和自己，一旦事情发展不足以达到自己的期待时，就会产生不良的情绪。而消极主义者则是因为很难发现事物的多面性，总是将认知局限于最糟糕的状况，因此也很容易在情绪上受到影响。事实上，任何事情都不是绝对的好与坏，如果能够真正认识到这一点，将消极的思维转换为积极的思维，那么本身可能是导致压力的因素自然也就不复存在了，只要我们以一种新的角度或有利视角来看待同一种情况，借力使力，更好地发挥潜能，就能不断地超越，自我释然。

（四）适应企业内部环境

1. 企业的环境适应

每个企业都有它自己的文化特点与工作管理流程，当你已经来到这个新环境后，就只能去适应，而不是让环境去适应你，你需要尽快了解该企业的发展理念、工作流程模式、公司管理制度等。

2. 企业的业务熟悉

每个企业都有自己的产品、经营范围、业务领域，你可以通过企业的官网、产品宣传手册、与各个业务部门的交流，尽快熟悉企业的业务，短期内虽不能达到精确掌握，但至少要从宏观上了解企业的业务。

3. 企业组织架构的熟悉

无论你到哪个部门工作，都需要与企业的其他部门进行交流与沟通，所以你需要了解企业的全部情况，这有利于以后开展工作。

4. 工作的未来规划

不管公司或部门有没有这个规划，你都要给自己定一个简单且清晰的目标，比如，承担哪块工作、后续自己的一个计划，如何通过自己的方式，在公司大的工作框架下开展工作。

5. 部门人员的沟通

有时候人际关系会对工作产生很大的影响，作为新人，不可能一入职就会得到别人的青睐，一般没有 3~6 个月的时间，很难融入新的团队中。你在观察别人的同时，别人也在审核你的人品与能力，因此你能做的就是低调做人、踏实做事。

6. 处理好与主管的关系

大部分公司很忌讳越级汇报，你的工作业绩评价很大部分来自主管，因此需要与主管处理好工作关系，职场中什么性格的人都有，也许主管会欣赏你，那么恭喜你，你会事半功倍，但是如果主管对你要求严格，你只有以更加认真的工作态度去赢得你应有的尊重。

7. 认真审视自己的工作氛围

谁也保证不了新环境肯定是你的最好归宿，我们没必要矫情和挑剔，但是也没必要委屈自己，人生的路途还很长，不可能每一次选择都会那么完美，记得自己最重要，如果思考后认为新环境还不适合自己，那么果断地再次去寻找自己的梦，但是一定要确定这不是你头脑发热的结果。

三、初入职场的大学生适应新环境出现的问题

1. 缺乏吃苦耐劳的职业精神

初入职场的大学生在工作的过程中，生活环境发生了改变，从舒适的校园变成了充满竞争的职场，对比校园生活的轻松，工作时间会相对固定。同时理科生大多从事一线岗位，工作强度较大，而他们在面对严格的制度和高强度工作的时候，常常缺乏吃苦耐劳、严格要求自己的职业精神，很难进入工作状态。

2. 缺乏职业规划，过于注重眼前利益

从大学生的择业观可以看出，现阶段的大学生在择业方面考虑更多的是近期利益和工作内容的舒适度，缺乏长远的职业规划，过于注重薪资和工作环境，在工作了一定时间之后，因升职和加薪空间的局限导致离职或跳槽。

3. 难以适应新的社会角色，存在落差感

在校期间，大学生是天之骄子，家长、学校、教师大多都围绕他们进行服务，

使其逐渐形成以自我为中心的心态。而在参加工作后，从天之骄子变成了工作的参与者，从被服务者变成了服务者，这种落差感往往会造成其心理失衡，从而影响其参与工作的积极性。

4. 自我认知不足

刚毕业的大学生对自我的认知不足，往往以薪资、工作内容、工作强度进行择业，很少从自身的定位去选择职业，导致许多大学生在工作中很难胜任部分工作，最后只能辞职或被辞职。

5. 沟通能力不够，人际关系处理不当

初入职场的大学生因为社会经验不足，在与同事、领导沟通时往往欠缺沟通技巧，从而导致同事间的交流不畅，导致人际关系紧张。

四、地方本科高校对大学生适应新环境的对策

大学毕业生走向社会是一种典型的社会角色的转换，是一生中一个新阶段的开始。大学毕业生顺利实现角色的转换，可以促进其尽快适应新的环境，缩短磨合期。因此，地方本科高校对大学生适应新环境的对策有以下内容。

1. 开展职业讲座，提高大学生职业心理素质

学校应重视大学毕业生的职业适应教育工作，可以开展职业讲座，让学生了解学业和就业两者之间的关系，强化大学生的心理素质，使大学生能够更好地投入社会就业环境中，并以积极的心态来面对激烈的社会竞争环境，培养其拥有良好的职业适应心态，以适应职业的要求。

另外，学校应指导大学生进行职业规划，让大学生规划出适宜自己的工作，缩短大学生的职业磨合期，使其得到快速稳步地发展。从大学生进入学校开始，学校就要从纪律、生活以及学习等方面，培养其职业习惯，实现从校园到职场的

过渡，增强大学生的职业适应性。

（1）学校应注重培养大学生的思维能力以及认知能力，让大学生学会分析与研究问题的方法，这需要教师在日常的教学中对大学生进行不断教育，引导大学生进行全面思维、创新思维以及逆向思维培养，使大学生的思维能力得以提升，培养大学生养成良好的就业习惯，从而实现大学生的全面发展与进步。

（2）学校应注重培养大学生良好的做事习惯，主要包括计划管理、认真做事以及合作互助等习惯，使大学生拥有健全的发展人格，并将这些习惯运用到职场中，使大学生在职场中的适应能力得到提升。

2. 创新教学手段

高校应将职业适应始终贯穿于日常教学中，并不断创新自身的教学手段，充分培养大学生的专业技能。在大学生刚入校时，高校应对大学生的职业适应进行引导，并加以宣传，将职业适应的观念注入大学生的脑海中，让其对职业适应的理念有相应的了解。在大学生投入学习之后，学校应对其职业能力进行有效的培养，使其拥有较强的专业技能，从而更好地适应社会职业的要求。另外，教师还应开展职业适应指导工作，因为大学生在步入社会寻找工作时，极易产生紧张、焦虑的情绪，造成大学生的就业困难。

所以，为使大学生的职业心理素质得到提升，教师在教学的过程中就必须对大学生进行积极引导，多与大学生进行沟通，了解大学生的心理状态，从而有针对性地对大学生进行引导，缓解大学生的紧张情绪，使大学生能够拥有积极健康的就业心态，以更好地适应社会发展的需求。

3. 增强社会实践，提升大学生的职业适应力

实践是检验真理的唯一标准。高校应为大学生提供大量的实践机会，让大学生可以充分地投身于实践中，有助于提升大学生的职业适应力，使大学生能够提

前适应社会环境，强化大学生的实战能力。高校应秉承着提升大学生职业适应力的原则，在不断地社会实践中，提升大学生的自主学习能力、人际交往能力以及自我管理能力，增强大学生的职业适应性。另外，在暑假时，高校也应部署好大学生的假期实践内容，减小大学生从校园到社会的心理冲突，让大学生能够在假期中有所收获，这对提升大学生的职业适应性有着十分积极的作用。高校也应建立大学生暑期社会实践基地以及毕业实习基地，为大学生的职业适应性提供良好的外在条件，最终使大学生的职业适应性得到切实提升。

第三节　提升职业适应力

一、职业的相关适应

（一）职业适应

1. 适应与适应性

适应通常作为生物学方面的专业名词来用，它代表某生物个体或物种群体与环境（包括其他生物种群）间的协调程度，它是通过生物个体或物种群体的形态结构、生理功能、行为反应、生活习性等表达出来的。

适应既可以是一种过程，也可以是一种状态。有机体通过同化和顺应两种作用取得与环境的平衡。这种平衡的状态即适应状态：个体处于"平衡—不平衡—平衡"的动态变化过程，即适应过程。

适应性是指个体在社会化过程中改变自身或环境，使自身与环境协调的能力得到增强，即个体与环境在适应过程中形成的适应能力，它是认知和个性因素在个体的"适应—发展—创新"行为中的综合反映，是个体生存和发展中必要的心理因素之一。

2. 职业适应的概念

职业适应包括很多内容，但由于场合不同，可能会有不同的强调要点：工作效率、无事故倾向、最低能力和特性要求、熟悉工作速度、意愿适应、个人背景。职业适应指的是大学生从学生角色到职业角色的过渡。

（二）职业选择适应

1. 职业选择适应的概念

从职业适应性的定义出发，我们可以将职业选择适应性理解为：个体通过自我认知，科学地选择职业来达到适应职业的要求，从而达到个体、职业匹配的过程。职业选择适应性反映的是大学生对职业选择的职业价值观的判断，对自我职业能力与职业岗位需求之间的平衡的判断，对企业的要求和自我的职业需求符合程度的自我感受；反映的是大学生与职业之间相互选择过程中的不断纠正、不断协调的过程。

2. 职业选择适应过程中容易出现的问题

（1）职业茫然。在大学生刚入大学初期（一般在大一学年和大二学年），主要表现是职业茫然。通过在职业生涯规划课程上的课堂测验发现，只有不到10%的同学进行了比较详细的规划，但是也仅仅是准备从事什么工作、考研、创业、出国等，对于细节也是模棱两可。他们不知道自己真正想干什么，不知道自己能干什么，也没有分析清楚自己适合干什么，甚至不知道自己所学的专业具体涉及哪些领域。

（2）选择困难症。在大学生即将毕业之际，虽然经过几年的学习，积累了丰富的专业知识和职业技能，但是仍然存在职业选择困难症。有的大学生将职业选择定位在收入高、工作环境安逸、不出差等这些方面。当出现多个职业或者多个职业岗位的时候，往往无法做出合理科学的判断和选择，不知道该用什么工具或者什么方法进行排除选择，出现了选择困难症，表现出犹豫、焦虑等。

（3）职业初期的不稳定性。当大学生毕业后，岗位的稳定性不足，出现跳槽频繁现象，更换职业现象突出。辅导员在对毕业生进行就业跟踪调查时发现，有将近一半的学生没有在找到的第一个工作单位就业。大学生在毕业后 1～2 年在第一次就业单位上班的寥寥无几。

（三）社会适应

1. 社会适应的概念

社会适应一词最早由赫伯特·斯宾塞提出，指个体逐渐地接受现有社会的道德规范与行为准则，对于环境中的社会刺激能够在规范允许的范围内做出反应的过程。社会适应对个体有着重要意义，如果一个人不能与社会取得一致，就会产生对所处环境中的一切格格不入的心理状态，久而久之，容易引起心理问题。人类对社会的适应可以通过语言、风俗、法律以及社会制度等的控制，使自己与社会相适应。

2. 社会适应的 4 个阶段

应当把作为过程的适应性和作为结果的适应性，与适应过程的结果区分。在新的社会环境中个体的适应性通常划分为以下 4 个阶段。

（1）初期阶段。个体知道在新环境中应该如何行动，但在自己的意识中却不承认新环境的价值，并可能拒不接受，仍然抱着原有的价值系统不放。

（2）容忍阶段。个体和新的环境彼此对价值系统与行为方式都表现出相互宽容的态度。

（3）接纳阶段。在新的环境同时也承认个体的某些价值的情况下，个体承认并接受新环境中主要的价值系统。

（4）同化阶段。个体与环境的价值系统完全一致。

二、职业适应的分类

职业适应性可分为一般职业适应性和特殊职业适应性两大类。

（一）一般职业适应性

一般职业适应性是指从事一般职业所需的基本生理、心理素质特征。一般职业适应性研究的历史较为久远。1934 年，美国劳工部就业保险局组织有关专家进行了为期 10 年的专门研究。他们对美国 20 000 个企业中的 75 000 个职位进行了调查分析，确定了 20 个职业模式和 10 种能力倾向，由此形成了很有影响力的"一般能力倾向成套测验"（General Occupational Aptitude Test Battery，GATB）。1947 年，GATB 被美国劳工局人力资源部正式采用，并在以后的研究中日趋完善。其后，世界上许多国家，如日本、澳大利亚和加拿大等国家，也使用了 GATB 系统，并根据本国情况做了修订，收到了良好的效果。

我国从 20 世纪 90 年代起，对一般职业适应性的研究取得了长足的进展。1993 年，金会庆等发表了应用日本 1983 年修正版 GATB，对我国合肥地区初、高中学生进行测试的研究成果，并初步建立了中国合肥地区常模。1994 年，戴忠恒发表了以日本 1983 年修正版 GATB 为蓝本，根据中国国情对 GATB 进行修订的研究成果，并通过对全国 17 个中等以上城市的 2148 名初二至高三学生的测试，制订了 GATB 中国常模。这些研究工作为 GATB 在我国的使用提供了经验与依据。

随着我国改革开放和社会主义市场经济的发展，企业用工制度和用人策略发生了很大的变化，对人才的职业能力测评与咨询已成为急需。中国科学院心理研究所和北京大学、华东师范大学、浙江大学的心理学系等已开展了人才测评的研究，开发了一系列的一般职业能力测评量表和专项能力测评量表；各地的人才市场、劳动力市场也开始开展人才素质测评服务。

（二）特殊职业适应性

特殊职业适应性是指从事某一特定职业所需具备的特殊生理、心理素质特征。特殊职业适应性研究根据各个特殊职业的不同有其特殊性。在第一次世界大战期间，对飞行员选拔的需要促进了飞行员职业适应性的研究，同时带来了心理测量学的发展。继飞行员职业适应性研究后，又相继开展了宇航员、驾驶员、潜水员、外科医生和音乐家等特殊职业适应性方面的研究。在工业领域，由于有些特殊工种对作业者本人及周围的人与环境具有重大的危害性，因此，有必要对特种作业人员的职业适应性进行研究。国外从 20 世纪 60 年代就开始了对焊接工、电工、起重工、司炉工等特种作业人员的职业适应性研究。

从 20 世纪 80 年代开始，我国在驾驶适应性方面开展了系统的研究。金会庆等通过研究发现并证实在中国存在事故倾向性驾驶员，并通过对事故倾向性驾驶员和安全驾驶员的病例对照研究发现，在人体形态、生理机能、视觉机能、心理、神经生化 5 个方面，事故倾向性驾驶员和安全驾驶员在某些生理、心理特征方面存在显著意义的差异，揭示了事故倾向性驾驶员具有易发事故生理、心理特征。驾驶适应性检测系统在全国的推广与应用，对筛检事故倾向性驾驶员，训练在职驾驶员的生理、心理素质，从而降低我国道路交通事故的发生率等方面发挥了比较重要的作用。

三、职业发展的概念

职业发展建立在职业适应的基础之上，是使自己的价值充分体现，成为组织满意的优秀员工的过程。职业发展对个人、家庭、职场都会产生重要影响。

职业发展要求职业人修炼职业情商。要以积极的心态面对工作，在工作中既要充分认知自己，继而进行自我调控和激励；同时也要认知他人的情绪，实现顺利沟通，锻炼领导和管理能力；还要培养职业逆商，当面对逆境时，不抱怨，主动发现、思考、解决问题，善于总结，保持幽默，必要时主动承担责任，培养良好的职业习惯；更要管理职业健康，保证健康饮食和充足睡眠，适度运动，养成良好的生活习惯。职业发展如同爬山，一路上会有很多预想不到的艰难险阻，也有可能会有让人迷失的无限风光，更会有可能没有人理解和支持的孤单寂寞。只有那些不畏前路，认准适合自己的道路并勇于攀登的人，才有希望到达光辉的顶点。

四、影响职业发展的因素

（一）职业内在因素

（1）内在因素。包括职业能力、创新能力、态度品德、身心健康等。一个大学毕业生需要在角色适应的基础上不断学习，有积极的工作态度和职业操守，加强自身的专业能力、人际交往能力等核心竞争力。

（2）组织因素。个人所在的组织因素对个人职业发展起着重要作用，当两者相适应时，个人职业发展更容易取得成功。

（3）环境因素。包括社会、政治、经济、技术、家庭、朋友和同龄群体等很多方面。这个因素可变性大，需要对各种环境因素做系统深入的分析，以确定最适合自己的职业发展方向。

（二）职业外在因素

1. 社会管理的变革

职业作为一种社会现象并非从来就有的，它是人类社会生产力发展到一定阶段的产物，是随着社会分工的出现而产生的。

人类社会出现了 3 次社会大分工。通过 3 次社会分工，人们所从事的劳动从原来单一的原始农业到可以从事畜牧业、手工业、商业，由此出现了人类最初的职业，如农民、牧民、工匠、商人等。

此后，随着历史的不断前进，职业也跟着不断发展，其中包括职业的新兴、繁荣、衰败。有些职业因为不能满足社会的需求而被人们所抛弃，从此销声匿迹，有些职业由于其特殊的性质得以长久保存，只不过在不同时代背景下，其内涵也随之而不同。世界上任何事物都在运动着，所以职业不是一成不变的，而是不断发展的。

2. 技术的变革

随着科学技术的发展，人类社会生产力得到了迅速发展，社会必要劳动时间不断缩短，一些原来由手工操作的工作也逐渐被机器取代。在人类史上科技发展最快、成果最多的第三次科技革命更是如此，涉及信息技术、新能源技术、新材料技术、生物技术、空间技术和海洋技术等诸多领域。这次科技革命不仅极大地推动了人类社会经济、政治、文化领域的变革，而且也影响了人类的生活方式和思维方式，各种前所未有的职业也如雨后春笋般地出现在人们的视野中。21 世纪的科学技术日新月异，每天都有新的成果，相应地，对某些职业来说，所运用的技术需要不断改进，所以对从事这些职业的工作人员来说需要不断地学习新技术，否则只有被淘汰。

科技的发展还促使了社会分工越来越细化，职业也因此产生了许多分支，许多新的职业是从原来的一个口径比较宽的职业中分离细化出来的，或者是由原来的属性转化为另一种属性，成为一个独立的职业。

3. 经济发展的变革

影响职业发展的第三个因素是经济发展因素。随着经济的发展，人们的生活水平不断提高，物质文化需要日益增长，社会总体需求也越来越高。这时就迫切需要相关职业的产生，或者是原有职业的变革、进步。在人们的物质生活水平达到一定高度的时候，就会去寻找精神上的享受。例如，在工作的休息时间、出差或者退休之后，人们会选择到处走走，去旅行，这就促使了导游的产生；人们对生活质量要求的不断提高，市场上产生了很多新兴职业，如宾馆试睡员、美食家、营养师等职业。

还有，随着经济的发展，生产力关系会变得越来越复杂，会出现各种各样的问题，这就产生了专门的机构或公司去研究这个庞大复杂的经济网，相应的职业也就产生了，如股市中的操盘手、股票分析员、信贷管理员等。同时，经济对职业的影响是很多重的，因为经济的发展反过来会促使科技的发展，而科技的发展又影响着职业的发展。同样地，经济的发展也影响着国家政策的制定和实施，从而也会影响职业的发展。

4. 产业及行业的变革

新兴产业是应运而生的一种新的行业和部门，随着新兴技术和研究成果的发明而产生。全球性新兴产业主要涵盖了空间、海洋、新能源、新材料、生物、信息和电子等新技术，并在此基础上所发展起来的一系列新兴产业部门，不断出现新兴产业，对人才的需求也提出了相应的要求。目前，广泛应用的信息技术和电子技术，标志着人类社会已经进入了一个革命技术的崭新阶段。

作为一种知识形态，新技术产业在发展的过程中，形成了一种产业化的结果，并最终形成了一种产业。发展新兴产业，可满足社会需求并增加综合国力，提高全社会的效率。作为我国产业升级的方向，新兴产业是经济可持续发展的重要支撑和保障，它的发展变革了经济结果。新兴产业发展会对劳动力就业市场产生极大的促进作用，同时也会对大学生职业规划产生深远的影响。

五、职业发展趋势

（一）我国与全球职业发展态势

1. 我国职业发展态势

从发展态势来看，我国未来职业变迁呈现以下趋势：

（1）由单一基础向跨专业、复合型转化；

（2）由封闭型向开放型转化；

（3）由传统工艺化向信息化、智能型转化；

（4）由继承性向知识创新型转化，由服务性职业向知识技能化转化。

2. 全球职业发展态势

（1）新职业不断产生。无论是生产部门还是服务部门，新型的职业活动和职业都不断地涌现出来。

（2）旧职业的衰落和消退。衰落和消退的职业主要集中在第一产业和第二产业。在结构调整中，第三产业也有部分职业消退。这种职业的衰落和消退往往与技术或产品的更新使某种职业失去市场有关。有时也发生在由于制度和政策的限制，禁止使用某种材料或工艺，致使某些职业难以为继。

（3）职业的调整和变化。

在第一产业中，传统的农民转化为农机师、农艺师或者专业性更强的从事无土无害栽培工作的现代农艺师。

在第二产业中，传统的手工绘图员正转化为使用计算机的电子绘图员，采煤、采油等技术向高科技化的转变，产生了新型的煤炭液化、气化相关职业，以及海洋石油开采等职业。

在第三产业中，变化发展更迅速。过去的理发员转化为形象设计师，库管人员转化为物流配送员等。

（二）新兴趋势

1. 高科技产业化趋势

一般认为，高科技是一种人才密集、知识密集、技术密集、资金密集、风险密集、信息密集、产业密集，竞争性和渗透性强，对人类社会的发展进步具有重大影响的前沿科学技术。

从世界各国高科技的发展来看，高科技不是一个单项技术，而是科学、技术、工程最前沿的新技术群。这个群体的各种成分互相影响、互相补充、互相促进。

2. 信息化趋势

信息化是指由计算机和互联网生产工具的革命所引起的工业经济转向信息经济的一种社会经济过程。它包括信息技术的产业化、传统产业的信息化、基础设施的信息化、生产方式的信息化、生活方式的信息化等几个方面。

信息正在悄悄地重构经济形态与社会形态，工业化、城镇化、市场化和国际化进程的加快，为信息化"职场"的发展带来了巨大的挑战和发展机会。

3. 文化创意产业化趋势

文化创意产业本质上是以创意和知识为核心的产业，其核心价值是产品具有精神内涵，是一种文化资源与其他生产要素紧密结合，文化、科技与经济互相渗透、互相交融互为条件、优化发展的经济模式。它强调人的主体地位和主导作用，以文化为发展经济的理念，依靠的是文化资源优势，既可以在发达国家发展，也可以在发展中国家发展，甚至在经济欠发达地区也可以通过发展文化创意产业，使人文资源和文化优势成为新的经济增长点。

4. 自由职业化趋势

自由职业化是指未来终身依附一个组织的固定职业被不断削弱，独立的、不依赖于任何组织的自由职业不断产生。事实上，许多成功的组织在实现其目标的过程中，对固定职业的依赖性已经大大减少。这就是为什么今天传统的固定职业中有相当一部分正在被临时性工作、项目分包、专家咨询、交叉领域的合作团队或者自我管理的自由职业者所代替。

六、提升职业适应力的方法

职业适应力并非与生俱来，它既需要个人的天赋，更需要经过磨炼和学习获取经验。每个人的性格特点都有其独特的优势与缺陷，并非外向型就一定优于内向型，关键是在实际工作岗位上的学习与方法。

（一）调整心态，积极应对

一般刚参加工作的大学毕业生，所从事的岗位都较为基层，和自己的理想存在一定的落差。因此，需要做好充分的心理准备，除了要锻炼自己的抗压能力外，还要学会以适度的心态去面对新环境。人在面对压力时，最好的解决方法就是尽快熟悉业务，在平凡、枯燥的工作中寻找乐趣。如果职场人能在平凡的工作岗位上激情不减，表现突出，能在压力下不屈不挠，努力工作，必将披荆斩棘，成绩斐然。

1. 保持好心态

大学毕业生刚进公司后，习惯用学生的眼光看待企业，对企业现状不满，接受不了企业的"条条款款"，没有耐心去适应企业。其实，每个企业都有优势和劣势，最重要的是要学会适应新的环境，在和企业相互深入了解后，找到自己合适的位置。

2. 学习的心态

作为职场新人，面对上司、同事都要以向他人学习的态度进行沟通和交流。

不要急功近利，更不能骄傲自满，多多观察和学习他人的经验，弥补自己的不足。

3. 乐观向上的心态

没有人的职场生涯是一帆风顺的，对于刚刚毕业的大学生来说更是如此。只有经历了波折与风浪后，才会在以后的职业生涯中有更加优异的表现和发展。

（二）加强实践

在现实中，把工作经验看得比学历和学校更重要的招聘单位并不在少数，对招聘单位的工作经验准入门槛"恨之切切"的应届大学毕业生也不在少数。事实上，大学毕业生无论是在学习期间，还是在进入职场后，都会有大量的机会进一步丰富自己的实践工作经验。

1. 实习期间

大学期间的实习是一个非常良好的桥梁，能够帮助大学生对社会和职业有一定的了解。同时，大学生也可以在实践中开阔视野，增长见识，为进一步走向社会打下坚实的基础。

因此，一定要认真对待大学期间的实习期，不要以为与真正工作不相干就马虎应付。事实上，很多用人单位在招聘时都会调查求职者在大学期间有过哪些实习和社会实践的经历。

2. 平时的学习

平时的学习也是增加工作经验的良好途径之一。很多大学生在毕业之前基本上都将自己封闭在一个独立于外界的真空室内，这无疑会影响用人单位对他们的评价。因此，大学生在踏入社会之前，应该主动了解和认识社会环境，多参加社会活动，积累更多经验，为提升职业适应力打下基础。

第四节　促进职业发展

一、做好终身学习

（一）终身学习的含义

终身学习在很大程度上是终身教育和学习化社会两者相结合的产物。关于终身学习的定义，不同的学者和组织对其解释也不尽相同。终身学习是通过一个不断的支持过程来发挥人类的潜能，它激励并使人们有权利去获得他们终身所需要的全部知识价值、技能与理解，并在任何任务、情况和环境中有信心、有创造性，并愉快地应用它们。

（二）终身学习能力的构成要素

（1）自学能力。它是指独立获取新知识，不断调节自己的知识结构的能力，是个体获得成功的最基本的一种能力。

（2）适应能力。它是指人随外界环境和时代变迁而改变自己的行为方式、生活方式、交往范围、思维习惯、思想认识和价值观念的能力，即积极的适应能力。

（3）分析和解决问题的能力。它是指对客观世界间接的、概括的反应能力。

（4）利用现代化学习工具的能力。它是指个体运用现代化学习工具对信息进行收集、加工、存储、处理、传递、应用的能力。

（5）组织管理能力。它主要是一种社会活动能力，包括计划、决策、协调、合作、交往等多种能力。

（6）实际操作能力。它是指完成学习活动、专业训练和生产实践中各种智力的、技巧的具体运作能力，是现代人才不可或缺的一种能力。现代科学上许多重大突破都得益于高超的实验技术。

（三）终身学习与职业发展

有研究指出，在离开校园后的 2～3 年内，大学生在学校学习的知识就会淘汰一半以上，甚至更高。考虑到新知识入选课本需要的时间，以及课本更新的周期，踏出校门的时候，就有一部分知识已经落伍。想要胜任当前的工作，必须通过学习获得新的知识和技能。

随着科技日新月异，知识进入了爆炸时代。2～3 周的时间不学习也许看不出来什么，但是 2～3 个月不学习，就会和别人开始出现一定的差距，更不要说 2～3 年的时间了。换句话说，为了更好地工作和生活，我们不得不学习。在职场工作一段时间之后，对自己的认识会更加清楚，能够总结出自己的优势和劣势。如何把自己的强项发挥到极致，如何避免知识和能力上的不足带来的劣势，通过及时的学习和实践来提高个人的水平，不断扩大自己的视野和格局，是必然的道路。

知识和能力并非天生的，而是需要我们努力学习来获得。每个人都希望自己可以得到充分的发展，而发展和提高的前提是学习。此外，从功利的角度来看，学习会带来一些正面的影响，如学历的提升、文凭的获得、专业认证的通过等。如今，社会对人才的需求及对大学生职业素养、职业技能的要求日渐提高，大学生就业指导和职业生涯规划已引起高校和全社会的广泛关注。"读书是学习，使用也是学习，而且是更重要的学习。"在知识经济时代，获取知识、运用知识和创新知识的能力是一个人成功的重要因素，善于学习、有较强学习能力和思维能力的创新型人才，才是知识经济时代的强者。因此，大学生要着眼于未来。只有培养自己终身学习的能力，才能更好地适应职场的变化。

二、积淀职业素养

（一）职业道德素质的积淀

1. 职业道德素质的概念

职业道德素质是指个人基于一些基本的职业道德原则与规范所形成的对待自

己职业的一整套相对稳定的价值观和态度，它既是对本职人员在职业活动中行为的要求，同时又是职业对社会所负的道德责任与义务。这是立足于社会层面对职业道德进行的概念界定，通过强调职业道德的约束性和规范性，进而表现出一种比较标准的职业道德定义。

2. 职业道德素质的特点

职业道德素质是心理意识、行为原则和行为规范的总和，是人们在从事职业的过程中形成的一种内在的、非强制性的约束机制。具体而言，职业道德具有如下特征：稳定性和连续性、专业性和有限性、多样性和适用性、纪律性和强制性。

3. 职业道德素质规范体系

职业道德素质规范体系的核心部分包括 3 个层次：最高层次是社会主义职业道德素质的核心，即为人民服务；第二层次是各行各业都应当遵守的 5 项基本规范；第三层次是各行各业自己的具体职业规范。

4. 职业道德素质的培养

针对目前高等院校职业道德教育存在的问题，高校应改进和优化职业道德教育。培养大学生职业道德行为可从以下几个方面入手：

（1）在课堂教学中灌输职业道德内容。高校要不断深化专业课堂教学改革，要以专业人才培养目标为主，系统地设计职业道德标准、考核标准。

（2）在社会实践中体验职业道德规范和行业道德规范。丰富的社会实践是指导高校学生成长成才的重要基础，大学生良好的职业道德行为习惯的养成离不开社会实践这个重要途径。高校应尽可能多地为大学生提供参与社会实践的机会。

（3）在职业活动中强化职业道德行为。高校应通过开展丰富多彩的活动，提高大学生自觉遵守职业道德规范和行业道德规范的意识。

（4）在专业学习中增强职业道德意识。高校在合理确定人才培养目标时，应确定合理的大学生职业道德、职业技能、就业和创业能力的培养方案。

（二）职业心理素质的积淀

1. 职业心理素质的概念

关于职业心理素质的界定，一般有两个途径：从心理素质的角度界定，认为职业心理素质是人的心理素质的有机组成部分；从职业素质的角度界定，认为职业心理素质是职业素质的一个有机组成部分。

2. 职业心理素质的内容

职业心理素质包括智力型和非智力型职业心理素质两类。智力型职业心理素质（智力因素），具体包括知识、智力、领导及管理能力、人际交往能力、处理工作的能力；非智力型职业心理素质（非智力因素），包括思想品质及职业道德、职业需求、职业情感及价值观、意志情绪品质、个人素质。

3. 职业心理素质的特点

职业心理素质具有稳定性、基础性、综合性、发展性4个特点。

4. 职业心理素质的培养

马斯洛作为人本主义的重要代表，认为良好的职业心理素质表现在以下几个方面：

（1）具有充分的适应力。

（2）能充分地了解自己，并对自己的能力做出适度的评价。

（3）生活的目标切合实际。

（4）不脱离现实环境。

（5）能保持人格的完整与和谐。

（6）善于从经验中学习。

（7）能保持良好的人际关系。

（8）能适度地发泄情绪和控制情绪。

（9）在不违背集体利益的前提下，能有限度地发挥个性。

培养良好的职业心理素质应从以下几个方面入手：

（1）政府要加强宏观调控，发挥管理作用。政府要充分发挥服务职能，指导高校专业调整和课程设置，完善社会保障体系，深化各项制度的改革，以及规范大学生就业市场，创建公平就业环境。

（2）深化教学改革，充分发挥高校主阵地作用。高校是思想政治教育的场所，要深化教育改革，充分发挥在职业心理素质培养中的阵地作用。通过思想政治教育培养大学生良好的职业心理素质。

（3）注重家庭教育，充分发挥家庭的引领带动作用。大学生的成长离不开家庭，家庭在大学生职业心理素质培养中尤为重要。家长要营造宽松的家庭环境氛围。尊重子女的要求，关心、尊重、理解子女，并在人格方面为子女做出表率，客观估计子女的能力，重视子女的特点，树立合理的期望值。不在子女职业选择上提不切实际的要求，帮助子女改变思想观念。引导大学生树立正确的职业价值观，鼓励他们参与职场竞争。

（4）加强自我教育，充分发挥大学生的主体作用。在职业心理素质培养中，大学生自身要加强自我教育，充分发挥主体作用。大学生要正确认识自我，树立合理的职业价值观，提高综合素质，提升自身的职业能力。

（三）职业文化素质的积淀

1. 职业文化素质的概念

在我们的实际工作中，综合素质好、职业素养好的大学生，往往能够得到比较理想的工作。职业文化素质的概念是指职业文化，是人们在职业活动中逐步形成的价值观念、思维方式、行为规范以及相应的习惯、气质、礼仪与风气，其核心内容是对职业使命、职业荣誉、职业心理、职业规范以及职业礼仪的认同和遵从。企业对大学生职业文化素质有较高的要求。

2. 职业文化素质的培养

（1）设计导向的职业教育思想。高等教育必须实施从"适应导向"向"设计导向"的战略性转变。在教学内容中，不仅包括功能性的知识，更重要的是构建"环境和社会"的方式方法；教学过程体现社会过程，学习者有机会对源于实践的、开放性的具体任务设计解决问题的策略、尝试解决任务的方法并对自己的职业行为进行评价。

（2）设立能力本位的培养目标。能力本位的人才培养目标，旨在促进学生才能、方法、知识、观点和价值观的综合发展。培养目标的定位应立足于：体现从业核心能力导向的要求，反映社会实践、建立学习与社会生活的联系、体现学生高质量体面就业与职业生涯发展的要求。

（3）构建基于实践过程的课程模式和科学的人文素质教育体系。职业文化素质教育应融入各个教育环节中，与专业教育、技能训练相结合，相互促进，在潜移默化中提升学生的综合素养。构建职业文化素质教育体系要做到以下几点：健全领导机制，完善运行机制，开展系统化运行，在建立科学的教育评价体系上做文章。

（4）调整行动导向的教学方法。行动导向教学强调"思维"和"行动"的统一。每一个完整的行动过程的起点都是"理智的尝试性行动"，终点都是"行动目标与行动结果的比较"。学生的学习方式多以强调合作与交流的小组形式进行，具有计划进程、选择资料、尝试方法、控制质量、评价结果的实践空间，教师是学生学习过程的组织者和处理具体问题的对话伙伴。

参考文献

曾湘泉，2004. 变革中的就业环境与中国大学生就业[M]. 北京：中国人民大学出版社.

陈会昌，1999. 德育忧思—转型期学生个性心理研究[M]. 北京：华文出版社.

丛茂华，2007. 高等学校毕业生就业权问题研究[M]. 南京：南京航空航天大学.

董塔健，韦仕珍，2008. 生命之舟从这里起航：大学生就业指导[M]. 北京：电子工业出版社.

傅洪涛，陶桓祥，2006. 大学生职业规划与创业指导[M]. 北京：中国财经出版社.

高桥，葛海燕，2009. 大学生就业指导[M]. 2版. 北京：清华大学出版社.

关彤，2009. 大学生实用礼仪[M]. 北京：北京理工大学出版社.

韩丽，2009. 试论大学生就业心理问题的表现与调适[J]. 社会工作（6）.

胡开鲜，2009. 就业指导案例教程[M]. 北京：化学工业出版社.

胡修池，刘紫婷，2003. 当代大学生就业指导[M]. 郑州：郑州大学出版社.

胡钟华，竺照轩，2020. 大学生就业指导[M]. 北京：机械工业出版社.

黄才华，2005. 大学生就业与创业指导[M]. 北京：教育科学出版社.

黄科登，陈路凤，2008. 大学生就业竞争力模型研究[J]. 玉林师范学院学报（3）.

焦留成，2017. 大学生就业指导[M]. 开封：河南大学出版社.

金德禄，2020. 大学生职业生涯规划与就业指导[M]. 南京：东南大学出版社.

李冬红，毛静，2005. 大学生就业竞争力的模糊综合评判[J]. 中国大学生就业（2）.

李金亮，杨芳，周欣，2019. 大学生职业生涯规划[M]. 长沙：湖南教育出版社.

李晓波，2019. 大学生职业生涯规划[M]. 镇江：江苏大学出版社.

林燕清，林俊，2020. 大学生就业指导[M]. 北京：北京理工大学出版社.

刘建中，2020. 大学生就业指导[M]. 成都：电子科技大学出版社.

刘益迎，李德静，2020. 大学生职业生涯规划与就业指导[M]. 上海：上海交通大学出版社.

刘珍杰，2009. 大学生职业发展与就业指导[M]. 北京：中国电力出版社.

罗明忠，2008. 大学生就业指导[M]. 广州：暨南大学出版社.

吕宁，2003. 职业指导[M]. 北京：中国科学技术出版社.

马玉栋，冯峰，2010. 谈谈大学生就业问题[M]. 郑州：河南人民出版社.

毛可斌，李可依，2021. 大学生就业指导[M]. 天津：天津人民出版社.

彭晓玲. 2008. 大学生全程全面心理辅导[M]. 北京：清华大学出版社.

钱晓，李增秀，2009. 大学生就业指导[M]. 北京：科学出版社.

曲振国，2008. 大学生就业指导与职业生涯规划[M]. 北京：清华大学出版社.

尚玉峰，2009. 大学生常见就业心理问题及自我调适[J]. 中国电力教育（1）.

施佩刁，宋新辉，2020. 大学生职业生涯规划与就业指导[M]. 北京邮电出版社.

石洪发，2020. 大学生职业生涯规划[M]. 北京：北京理工大学出版社.

谭初春，2006. 大学生就业指导[M]. 西安：西北工业大学出版社.

唐金土，2006. 大学生就业与创业指导[M]. 南京：东南大学出版社.

谢荣光，2007. 大学毕业生就业中的法律问题及对策[J]. 教育与职业（7）.

谢守成，2009. 大学生职业生涯发展与规划[M]. 武汉：华中师范大学出版社.

杨晓芸，2009. 我国大学毕业生就业权益保护问题研究[M]. 北京：北京交通大学.

杨英，2009. 转变就业观念面向基层就业[J]. 辽宁医学院学报（社会科学版）（5）.

翟振元，2002. 大学生就业指导[M]. 北京：高等教育出版社.

张枫霞，2006. 当代大学生生存状态调查[M]. 北京：华文出版社.

张美华，2020. 大学生就业指导[M]. 重庆：重庆大学出版社.

张文，2000. 求职礼仪[M]. 广州：华南理工大学出版社.

张向阳，柯羽，2006. 从评价指标反观大学生就业竞争力的提高[J]. 嘉兴学院学报（6）.

张雅娟，张发斌，杜富裕. 大学生就业指导[M]. 上海：同济大学出版社.

张志炜，2019. 大学生就业指导[M]. 北京：国家行政学院出版社.

赵景卓，满相忠，2010. 现代求职礼仪[M]. 北京：中国物资出版社.

赵天睿，白洪涛，司卫乐，2018. 大学生就业指导[M]. 长沙：湖南师范大学出版社.

周元明，2007. 大学生就业指导[M]. 长沙：中南大学出版社.